EN İYİ ESTONYA YEMEK KİTABI

Baltık Mutfağını Keşfetmek için 100 Tarif

Furkan Kösea

Telif Hakkı Malzemesi ©2024

Her hakkı saklıdır

Bu kitabın hiçbir bölümü, incelemede kullanılan kısa alıntılar dışında, yayıncının ve telif hakkı sahibinin uygun yazılı izni olmadan, hiçbir şekilde veya yöntemle kullanılamaz veya aktarılamaz . Bu kitap tıbbi, hukuki veya diğer profesyonel tavsiyelerin yerine geçmemelidir .

İÇİNDEKİLER

İÇİNDEKİLER 3
GİRİİŞ 6
KAHVALTI 7
   1. Estonya Waffle'ları 8
   2. Tam Buğday Ekmeği (Sepik) 10
   3. Krep (Pannkook) 12
   4. Kringel 14
   5. Estonya Ekmeği (Nisuleib) 17
   6. Estonya Havuçlu Ekmek (Porgandileib) 19
   7. Haşhaşlı Ekmek (Moonileib) 21
   8. Estonya Tohum Ekmeği (Seemneleib) 24
   9. Estonya Balkabağı Ekmeği (Kõrvitsaleib) 26
   10. Estonya Yulaf Ekmeği (Kaeraleib) 28
   11. Martsipan (Badem Ezmesi) 30
   12. Estonya Tatlı Çöreği (Saiake) 32
   13. Geleneksel Estonya Ekmeği (Kama Leib) 35
   14. Yaban Mersinli Lapa (Mustikapuder) 37
   15. Siyah Çavdar Ekmeği (Rukkileib) 39
   16. Estonya Yulaf Lapası 41
   17. Yumurta Püresi (Munavõi) 43
   18. Estonya Sosis (Eesti Vorst) 45
   19. Estonyalı Omlet 47
   20. Kama Kottidega 49
   21. Patates Gözlemesi 51
   22. Estonya Sebzeli Omlet (Juurviljaomlett) 53
   23. Estonya Arpa Lapası (Oderpuder) 55
ATIŞTIRMALIKLAR 57
   24. Bakla Börekleri (Hõrgud Kõrtpoolakesed) 58
   25. Estonya Lor Yemeği (Kohupiimakreem) 60
   26. Estonyalı Semla (Vastlakukkel) 62
   27. Estonya Çaça Sandviçi (Sprotivõileib) 65
   28. Tavuk Ezmesi 67
   29. Patates Cipsi (Kartulikrõpsud) 70
   30. Soğan Halkaları (Sibulakrõpsud) 72
   31. Kavrulmuş Tahıl Atıştırmalığı (Kama) 74
   32. Yabani Sarımsak Cipsi (Karulauguviilud) 76
   33. Konserve Geyik Eti (Põdralihakonserv) 78
   34. Estonya Ringa Dilimleri (Kiluviilud) 81
   35. Estonya Galeta (Leivasnäkid) 83
   36. Estonya Turşusu (Hapukurk) 85

37. KOHUKE ...87
38. JAMBONLU VE PEYNİRLİ ÇÖREKLER ...89
39. ESTONYA PATATES TOPLARI (KARTULİPALLİD) ...92
40. ESTONYA HAVUÇ DİLİMLERİ ...94
41. MARİNE EDİLMİŞ MANTARLAR ...96

SALATALAR ... 98

42. ESTONYA PATATES SALATASI ...99
43. PANCAR SALATASI (PUNASEPEEDİSALAT) ...101
44. MANTAR SALATASI (SEENESALAT) ...103
45. SALATALIK SALATASI (KURGİSALAT) ...105
46. RİNGA SALATASI (SUİTSUSİLLİ SALATASI) ...107
47. HAVUÇ SALATASI (PORGANDİSALAT) ...109
48. LAHANA SALATASI (KAPSASALAT) ...111
49. DOMATES VE SALATALIK SALATASI (TOMATI-KURGISALAT) ...113
50. KARIŞIK SALATA (SEGASALAT) ...115

ÇORBALAR ... 117

51. BEZELYE ÇORBASI (HERNESUPP) ...118
52. ESTONYA BALKABAĞI PÜRESİ ÇORBASI ...120
53. MANTAR ÇORBASI (SEENESUPP) ...122
54. ESTONYA BEZELYE ÇORBASI (KAALİKA-HERNESUPP) ...124
55. BALIK ÇORBASI (KALASUPP) ...126
56. PANCAR ÇORBASI (BORSİSUPP) ...128
57. GELENEKSEL LAHANA TURŞUSU ÇORBASI (HAPUKAPSASUPP) ...131
58. ARPA ÇORBASI (ODRASUPP) ...133
59. LAHANA ÇORBASI ...135
60. ESTONYA LAHANA TURŞUSU ÇORBASI (HAPUKAPSASUPP) ...137

ANA YEMEKLER ... 139

61. DOMUZ ETİ VE LAHANA TURŞUSU YAHNİSİ (SEAKAPSAHAUTİS) ...140
62. DANA YAHNİ (HAKKLİHAHAUTİS) ...142
63. TAVUK VE SEBZE YAHNİSİ ...144
64. FASULYE YAHNİ (OA- VÕİ HERNESUPP) ...146
65. ESTONYA MANTARLI PİRİNÇ GÜVEÇ (SEENERİİS) ...148
66. ESTONYA LAHANASI VE PİRİNÇ GÜVECİ (KAPSA-RİİSİVORM) ...151
67. ESTONYA PİRİNÇ VE SEBZE TAVADA KIZARTMA (RİİS JA KÖÖGİVİLJAD WOKİS) ...154
68. ESTONYA FIRINDA PATATES (AHJUKARTULİD) ...156
69. SEBZELİ KIYMA SOSU ...158
70. KORVİTSAKOTLETİD ...160
71. PAJAROOG ...162
72. ESTONYA SIĞIR KÖFTESİ (LİHAPALLİD) ...164
73. ESTONYA DANA RULOLARI (RÄİMERULLİD) ...166
74. ESTONYA SIĞIR KÖFTESİ (HAKKLİHAKOTLETİD) ...168
75. ESTONYA HADDELENMİŞ RİNGA BALIĞI (RÄİMERULLİD) ...170
76. DANA VE PATATES GÜVEÇ ...172

77. MARMORLİHA 174
78. TAVUK VE MAKARNA GÜVEÇ 176
79. ESTONYA TAVUK DÜRÜMLERİ (KANAWRAPİD) 178
80. IZGARA DOMUZ PİRZOLASI (GRİLLİTUD SEAKARBONAAD) 180
81. DANA VE SEBZE ŞİŞLERİ (VEİSELİHA- JA KÖÖGİVİLJAVARDAD) 182
82. SEBZE VE HELLİM ŞİŞLERİ 184
TATLI **186**
83. TATLI ÖRGÜLÜ EKMEK 187
84. ESTONYA LORLU KEK (KOHUPİİMAKOOK) 190
85. ÇAVDAR EKMEĞİ KEK (KARASK) 193
86. OYUNCAK AYI PASTASI (MÕMMİK) 195
87. QUARK PEYNİRLİ KEK (KUBUJUUSTUKOOK) 198
88. BÜYÜKANNENİN PASTASI (VANAEMA KOOK) 201
89. ESTONYA YAPRAK KEK (PLAADİKOOK) 204
90. ÜZÜM KİSSEL (ROSİNAKİSSELL) 207
91. ESTONYA TATLI ÇORBASI (LEİVASUPP) 209
92. VAHUKOOR-KOHUPİİMAKOOK 211
93. PATATESLİ KEK (KARTULİKOOK) 214
94. KAMAVAHT 217
95. KAMA VE ELMALI KEK (KAMA-ÕUNAKOOK) 219
İÇECEKLER **222**
96. MEYVE ŞARABI (LEİBKONNA JOOK) 223
97. KVAS 225
98. KEFİR 227
99. ESTONYALI MORS 229
100. ESTONYA KALİ İÇECEĞİ 231
ÇÖZÜM **233**

GİRİİŞ

Baltık bölgesinin kalbinde yer alan bir ülke olan Estonya'nın mutfak lezzetlerini keşfeden "EN İYİ ESTONYA YEMEK KİTABI"a hoş geldiniz. Bu yemek kitabında sizi 100 özgün tarifle Estonya mutfağının zengin ve çeşitli lezzetlerini keşfedeceğiniz bir yolculuğa davet ediyoruz. Doyurucu güveçlerden rahatlatıcı tatlılara kadar her yemek, bu güzel ülkenin eşsiz gastronomik mirasına bir bakış sunuyor.

malzemeler ve tekniklerle harmanlayarak tarihinin, coğrafyasının ve kültürel etkilerinin bir yansımasıdır . Ormanlardan göllere, sahil şeritlerinden kırsal bölgelere kadar Estonya'nın doğal zenginliği, çok çeşitli lezzetli ve doyurucu yemeklerin temelini oluşturur.

Bu yemek kitabında ringa balığı ve siyah ekmek gibi geleneksel favorilerden klasik yemeklerin modern yorumlarına kadar Estonya'nın lezzetlerini keşfedeceğiz . İster soğuk bir kış gününde içinizi ısıtacak doyurucu bir çorba ister yaz güneşinin tadını çıkarmak için serinletici bir tatlı istiyor olun , burada her damak zevkine ve duruma uygun bir şeyler var.

Ancak "EN İYİ ESTONYA YEMEK KİTABI" sadece bir tarif koleksiyonundan daha fazlasıdır; Estonya kültürünün, tarihinin ve misafirperverliğinin bir kutlamasıdır. Bu sayfalarda gezinirken, Estonya mutfağını şekillendiren gelenek ve göreneklerin yanı sıra, kendi mutfağınızda otantik Estonya yemeklerini yeniden yaratmaya yönelik ipuçları ve teknikleri öğreneceksiniz .

Bu nedenle , ister yeni tatlar keşfetmek isteyen maceracı bir aşçı olun, ister Estonya mutfağına dair hoş anıları olan biri olun, "EN İYİ ESTONYA YEMEK KİTABI" rehberiniz olsun. Tallinn'in hareketli pazarlarından kırsal kesimdeki sakin köylere kadar her tarif sizi Estonya'nın kalbine taşısın ve ülkenin zengin mutfak mirasını kutlayan lezzetli yemekler yaratmanız için size ilham versin.

KAHVALTI

1. Estonya Waffle'ları

İÇİNDEKİLER:
- 2 büyük yumurta
- ½ su bardağı toz şeker
- ½ bardak tuzsuz tereyağı, eritilmiş
- 1 ½ su bardağı çok amaçlı un
- 1 ½ çay kaşığı kabartma tozu
- 1 çay kaşığı vanilya özü
- ¼ çay kaşığı tuz
- 1 bardak tam yağlı süt
- Servis için çırpılmış krema ve reçel

TALİMATLAR:
a) Uygun bir karıştırma kabında yumurta ve şekeri iyice karışana kadar çırpın. Eritilmiş tereyağını, unu, kabartma tozunu, vanilya özütünü ve tuzu kasede karıştırın. Hazırlanan hamur pürüzsüz hale gelinceye ve topak kalmayıncaya kadar karıştırın. Sütü hazırlanan hamura yavaş yavaş ekleyin, her eklemeden sonra hazırlanan hamur kalın fakat dökülebilir bir kıvama gelinceye kadar iyice karıştırın. Waffle demirini üreticinin talimatlarına göre önceden ısıtın. Sıcak waffle makinesinin üzerine yaklaşık ¼ ila ½ fincan hamuru (waffle ütünüzün boyutuna bağlı olarak) dökün ve eşit şekilde yayın.

b) Waffle makinesini kapatın ve waffle makinesinin talimatlarını izleyerek waffle'ı altın rengi kahverengi ve çıtır çıtır olana kadar pişirin. Waffle'ı dikkatlice ütüden çıkarın ve hafifçe soğuması için tel rafın üzerine yerleştirin. Tüm waffle'lar pişene kadar işlemi kalan hamurla tekrarlayın. Estonya Waffle'larını üzerine çırpılmış krema ve reçel veya taze meyveler veya pudra şekeri gibi arzu edilen diğer malzemelerle sıcak olarak servis edin. Tatlı bir ikram veya tatlı olarak lezzetli Estonya Waffle'larının tadını çıkarın!

2.Tam Buğday Ekmeği (Sepik)

İÇİNDEKİLER:
- 3 su bardağı tam buğday unu
- 1 ½ su bardağı ılık su
- ¼ bardak bal veya akçaağaç şurubu
- 2 ¼ çay kaşığı aktif kuru maya
- 2 çay kaşığı tuz
- 2 yemek kaşığı bitkisel yağ

TALİMATLAR:
a) Uygun bir karıştırma kabında ılık su, bal (veya akçaağaç şurubu) ve mayayı karıştırın. Maya eriyene kadar karıştırın. Maya köpürünceye kadar yaklaşık 5 dakika bekletin. Kasede tam buğday ununu, tuzu ve bitkisel yağı maya karışımıyla karıştırın. Bir hamur oluşturmak için iyice karıştırın. Bu hamuru unlu bir yüzeyde pürüzsüz ve elastik hale gelinceye kadar yaklaşık 5-7 dakika yoğurun. Bu hamur çok cıvık olursa biraz daha un ekleyebilirsiniz ama fazla eklememeye dikkat edin, ekmeğin cıvık olmasına neden olabilir. Bu hamuru top haline getirip yağlanmış bir kaba koyun. Temiz bir havlu veya plastik ambalajla örtün ve ılık, hava akımı olmayan bir yerde yaklaşık 1 saat, boyutu iki katına çıkana kadar kabarmasını bekleyin.

b) 375°F sıcaklıkta fırınınızı önceden ısıtın. Bir ekmek tepsisini yağlayın. Yükselen hamuru yumruklayın ve unlu bir yüzeye çevirin. Şekil verip yağlanmış kek kalıbına dizin. Somun tavasını temiz bir havlu veya plastik bir örtü ile örtün ve bu hamurun tavanın tepesine ulaşana kadar 30-45 dakika daha kabarmasını bekleyin. Bu hamur kabardıktan sonra, somun tepsisini önceden ısıtılmış fırına yerleştirin ve üst kısmı altın rengi kahverengi olana ve altına vurulduğunda ekmeğin içi boş bir ses çıkarana kadar 30-35 dakika pişirin. Ekmeği fırından çıkarın ve yaklaşık 5 dakika tavada soğumaya bırakın, ardından dilimleyip servis etmeden önce tamamen soğuması için tel ızgaranın üzerine yerleştirin. Ev yapımı Sepik tam buğday ekmeğinizin tadını çıkarın! Sandviçler, kızarmış ekmekler veya çorba ve güveçlerin yanında garnitür olarak mükemmeldir.

3.Krep (Pannkook)

İÇİNDEKİLER:

- 2 fincan çok amaçlı un
- 2 bardak süt
- 2 büyük yumurta
- ¼ su bardağı toz şeker
- ½ çay kaşığı tuz
- 1 çay kaşığı vanilya özü
- ¼ bardak tuzsuz tereyağı, eritilmiş
- Yemek pişirmek için ilave tereyağı veya sıvı yağ
- Üzeri için reçel, taze meyveler, krem şanti, pudra şekeri

TALİMATLAR:

a) Uygun bir karıştırma kabında un, süt, yumurta, şeker, tuz ve vanilya özünü iyice birleşene kadar çırpın.

b) Eritilmiş tereyağını hazırlanan hamura ekleyin ve hazırlanan hamur pürüzsüz hale gelinceye kadar tekrar çırpın. Yapışmaz bir tavayı veya ızgarayı orta ateşte ısıtın ve hafifçe tereyağı veya sıvı yağla yağlayın.

c) Her gözleme için yaklaşık ¼ bardak hamuru ısıtılmış tavaya veya ızgaraya dökün.

ç) Pankek yüzeyinde kabarcıklar oluşana ve kenarları sertleşene kadar yaklaşık 2-3 dakika pişirin. Krepi çevirin ve diğer tarafı altın rengi kahverengi olana kadar 1-2 dakika daha pişirin. Pişmiş krepi tavadan veya ızgaradan çıkarın ve yapışmayı önlemek için gerektiği kadar daha fazla tereyağı veya yağ ekleyerek işlemi kalan hamurla tekrarlayın.

d) Pannkook kreplerini reçel, taze meyveler, çırpılmış krema veya pudra şekeri gibi en sevdiğiniz malzemelerle sıcak olarak servis edin. Lezzetli Estonya kreplerinizin tadını çıkarın!

4.Kringel

İÇİNDEKİLER:
HAMUR
- 4 su bardağı çok amaçlı un
- ½ su bardağı toz şeker
- ½ çay kaşığı tuz
- 2 ¼ çay kaşığı aktif kuru maya
- 1 bardak ılık süt
- ½ bardak tuzsuz tereyağı, eritilmiş
- 2 büyük yumurta
- 1 çay kaşığı vanilya özü

DOLGU
- ½ bardak tuzsuz tereyağı, yumuşatılmış
- ½ su bardağı toz şeker
- 1 yemek kaşığı öğütülmüş tarçın
- İsteğe göre yarım su bardağı kıyılmış fındık (badem, ceviz, fındık)

SIR
- ½ su bardağı pudra şekeri
- 2 yemek kaşığı süt
- 1 çay kaşığı vanilya özü

TALİMATLAR:
a) Uygun bir karıştırma kabında şekeri, unu, tuzu ve mayayı çırpın. Ayrı bir kapta ılık sütü, eritilmiş tereyağını, yumurtaları ve vanilya özünü karıştırın. İyice karıştırın.

b) Yavaş yavaş kuru un karışımını ekleyerek yumuşak bir hamur oluşana kadar karıştırın. Bu hamuru unlu bir yüzeye açın ve pürüzsüz ve elastik hale gelinceye kadar yaklaşık 5-7 dakika yoğurun.

c) Bu hamuru tekrar karıştırma kabına koyun, üzerini temiz bir havluyla veya plastik bir örtüyle örtün ve ılık, hava akımı olmayan bir yerde hacmi iki katına çıkana kadar yaklaşık 1 saat kadar mayalanmaya bırakın.

ç) Bu hamur kabarırken yumuşatılmış tereyağı, şeker, tarçın ve kıyılmış fındıkları (eğer kullanılıyorsa) uygun bir kapta karıştırarak iç malzemesini hazırlayın. Bir kenara koyun.

d) Fırınınızı 350°F'de önceden ısıtın. Bir fırın tepsisini parşömen kağıdıyla hizalayın. Bu hamur kabardıktan sonra, yumruklayın ve unlu bir yüzeye çevirin. Yaklaşık 18x12 inçlik bir dikdörtgene yuvarlayın. Dolguyu bu hamurun üzerine eşit şekilde yayın ve kenarlarda uygun bir kenarlık bırakın.
e) Uzun bir kenardan başlayarak, bu hamuru sıkıca bir kütük haline getirin ve kenarlarını sıkıştırarak kapatın. Yuvarlanan hamuru dikkatlice hazırlanan fırın tepsisine aktarın ve halka şeklinde şekillendirin, uçları birbirine sıkıştırarak mühürleyin ve dairesel bir şekil oluşturun. Keskin bir makas veya bıçak kullanarak, bu hamurun yaklaşık ⅔'ünü 1 inç aralıklarla keserek merkezi sağlam bırakın. Örgülü bir etki yaratmak için bu hamurun her bölümünü yavaşça dışarı doğru çevirin. Kringel'i önceden ısıtılmış fırında 25-30 dakika, altın rengi kahverengi olana ve altına dokunulduğunda ekmeğin içi boş çıkana kadar pişirin.
f) Kringel'i fırından çıkarın ve fırın tepsisinde yaklaşık 10 dakika soğumaya bırakın, ardından tamamen soğuması için tel ızgaranın üzerine yerleştirin.
g) Kringel soğurken uygun bir kapta pudra şekeri, süt ve vanilya özütünü karıştırarak glazürü hazırlayın.
ğ) Kringel soğuduktan sonra kremayı üstüne gezdirin. Kringel'i dilimleyip servis edin ve bu lezzetli Estonya tatlı ekmeğinin tadını çıkarın!

5.Estonya Ekmeği (Nisuleib)

İÇİNDEKİLER:
- 1 lb. buğday unu
- 1 çay kaşığı aktif kuru maya
- 1 çay kaşığı tuz
- 1 çay kaşığı şeker
- 1 ¼ bardak ılık su
- 1 oz. Eritilmiş tereyağı

TALİMATLAR:
a) Uygun bir karıştırma kabında buğday unu, maya, tuz ve şekeri karıştırın. İyice karıştırmak için karıştırın. Bu hamur bir araya gelinceye kadar karıştırırken yavaş yavaş ılık suyu ilave edin. Bu hamuru unlu bir yüzeye açın ve pürüzsüz ve elastik hale gelinceye kadar yaklaşık 5-7 dakika yoğurun. Bu hamuru tekrar karıştırma kabına alın, üzerini temiz bir havluyla örtün ve ılık bir yerde yaklaşık 1 saat, hacmi iki katına çıkana kadar mayalanmaya bırakın.
b) Fırınınızı 400°F'ta önceden ısıtın ve ekmek tavasını yağlayın. Yükselen hamuru yumruklayın ve unlu bir yüzeye çevirin. Şekil verip yağlanmış ekmek kalıbına dizin. Bu hamurun üzerine eritilmiş tereyağını sürün. Ekmeği önceden ısıtılmış fırında 25-30 dakika, üstü altın sarısı bir renk alana ve altına dokunulduğunda içi boş bir ses çıkana kadar pişirin. Ekmeği fırından çıkarın ve tavada birkaç dakika soğumaya bırakın, ardından tamamen soğuması için tel ızgaranın üzerine yerleştirin.
c) Ekmek soğuduktan sonra dilimleyip dilediğiniz gibi servis yapın. Ev yapımı Estonya buğday ekmeğinizin tadını çıkarın! Sandviçler, kızarmış ekmekler veya yemeklerinize lezzetli bir eşlik etmek için mükemmeldir.

6.Estonya Havuçlu Ekmek (Porgandileib)

İÇİNDEKİLER:

- 2 fincan çok amaçlı un
- 1 su bardağı havuç, rendelenmiş
- ½ bardak) şeker
- ½ su bardağı bitkisel yağ
- 2 büyük yumurta
- 1 çay kaşığı kabartma tozu
- ½ çay kaşığı karbonat
- ½ çay kaşığı tuz
- 1 çay kaşığı tarçın
- ½ çay kaşığı hindistan cevizi
- Yarım su bardağı kıyılmış ceviz veya fındık (isteğe bağlı)

TALİMATLAR:

a) Fırınınızı 350°F'ta önceden ısıtın ve somun tepsisini yağlayın. Uygun bir karıştırma kabında şekeri, unu, kabartma tozunu, kabartma tozunu, tuzu, tarçını ve hindistan cevizini karıştırın. İyice karıştırmak için karıştırın. Ayrı bir kapta rendelenmiş havuç, bitkisel yağ ve yumurtaları iyice birleşene kadar çırpın.

b) Havuç karışımını kuru malzemelere ekleyin ve birleşene kadar karıştırın. Fındık kullanıyorsanız kıyılmış ceviz veya cevizleri de ekleyin. Hazırladığınız hamuru yağlanmış tart kalıbına dökün ve üzerini spatulayla düzeltin.

c) Önceden ısıtılmış fırında, ekmeğin ortasına batırdığınız kürdan temiz çıkana kadar 45-50 dakika pişirin. Havuçlu ekmeği fırından çıkarın ve tavada 10 dakika soğumaya bırakın, ardından tamamen soğuması için tel ızgaranın üzerine yerleştirin. Ekmek soğuduktan sonra dilediğiniz gibi dilimleyip servis yapın. Sade , tereyağlı veya sandviç ekmeği olarak tüketilebilir .

7.Haşhaşlı Ekmek (Moonileib)

İÇİNDEKİLER:
HAMUR
- 2 fincan çok amaçlı un
- ½ bardak) şeker
- 1 çay kaşığı aktif kuru maya
- ½ çay kaşığı tuz
- ½ bardak süt
- ¼ bardak tuzsuz tereyağı, eritilmiş
- 2 büyük yumurta
- 1 çay kaşığı vanilya özü

HAŞHAŞ TOHUMU DOLGU
- 1 su bardağı haşhaş tohumu
- ½ bardak süt
- ¼ bardak bal
- ¼ bardak şeker
- ¼ fincan tuzsuz tereyağı
- ½ çay kaşığı vanilya özü

TALİMATLAR:

a) İçi için uygun bir tencerede haşhaş tohumlarını, sütü, balı, şekeri, tereyağını ve vanilya özünü karıştırın. Kısık ateşte kaynamaya bırakın ve sürekli karıştırarak 5 dakika pişirin. Ateşten alın ve dolgunun oda sıcaklığına soğumasını bekleyin.

b) Uygun bir karıştırma kabında hamur için şekeri, unu, mayayı ve tuzu çırpın. Ayrı bir kapta süt, eritilmiş tereyağı, yumurta ve vanilya özütünü karıştırın. İyice çırpın.

c) Kuru un karışımını ekleyip hamur oluşana kadar karıştırın. Bu hamuru unlu bir yüzeyde pürüzsüz ve elastik hale gelinceye kadar 5-7 dakika yoğurun.

ç) Bu hamuru yağlanmış bir kaba alıp üzerini temiz bir bezle örtün ve ılık bir yerde yaklaşık 1 saat, hacmi iki katına çıkana kadar mayalanmaya bırakın.

d) Bu hamuru yumruklayın ve unlu bir yüzeye çevirin. Yaklaşık ¼ inç kalınlığında bir dikdörtgen şeklinde yuvarlayın. Soğuyan haşhaşlı dolguyu bu hamurun üzerine eşit şekilde, kenarlarda uygun bir bordür bırakarak yayın.

e) Bu hamuru uzun tarafından jöleli rulo tarzında sıkıca sarın. Yağlanmış fırın tepsisine açtığınız hamurları alta gelecek şekilde yerleştirin. Temiz bir bezle örtüp 30-45 dakika daha mayalanmaya bırakın. Fırınınızı 350°F'de önceden ısıtın. Haşhaşlı ekmeği önceden ısıtılmış fırında 30-35 dakika, üstü altın rengi kahverengi olana ve anında okunan termometrede iç sıcaklık 190°F'ye ulaşana kadar pişirin.

f) Ekmeği fırından çıkarın ve tavada 10 dakika soğumaya bırakın, ardından tamamen soğuması için tel ızgaranın üzerine yerleştirin.

g) Ekmek soğuduktan sonra dilediğiniz gibi dilimleyip servis yapın. Lezzetli Estonya haşhaşlı ekmeğinin tadını çıkarın!

8.Estonya Tohum Ekmeği (Seemneleib)

İÇİNDEKİLER:

- 2 su bardağı çavdar unu
- 1 fincan çok amaçlı un
- ¼ bardak ayçiçeği çekirdeği
- ¼ bardak kabak çekirdeği
- ¼ bardak keten tohumu
- ¼ bardak susam
- 1 çay kaşığı tuz
- 1 çay kaşığı aktif kuru maya
- 2 bardak ılık su

TALİMATLAR:

a) Uygun bir karıştırma kabında çavdar unu, çok amaçlı un, ayçiçeği çekirdeği, kabak çekirdeği, keten tohumu, susam, tuz ve mayayı karıştırın. Sıcak suyu kuru malzemelere ekleyin ve yapışkan bir hamur oluşuncaya kadar karıştırın. Bu kasenin üzerini temiz bir bezle örtün ve hamuru 30 dakika dinlendirin.

b) Fırınınızı 400°F'ta önceden ısıtın ve somun tepsisini yağlayın. Bu hamur dinlendikten sonra yağlanmış kek kalıbına aktarın ve üzerini ıslak bir spatula ile düzeltin. Bu hamuru ılık bir yerde 30-45 dakika, hafifçe kabarıp kabarık görünene kadar mayalandırın.

c) Tohumlu ekmeği önceden ısıtılmış fırında 50-60 dakika, üstü altın rengi kahverengi olana ve altına dokunulduğunda içi boş ses çıkana kadar pişirin. Ekmeği fırından çıkarın ve tavada 10 dakika soğumaya bırakın, ardından tamamen soğuması için tel ızgaranın üzerine yerleştirin. Ekmek soğuduktan sonra dilediğiniz gibi dilimleyip servis yapın. Besleyici ve lezzetli Estonya tohum ekmeğinin tadını çıkarın!

9.Estonya Balkabağı Ekmeği (Kõrvitsaleib)

İÇİNDEKİLER:
- 2 fincan çok amaçlı un
- 1 su bardağı şeker
- 1 çay kaşığı kabartma tozu
- ½ çay kaşığı karbonat
- ½ çay kaşığı tuz
- 1 çay kaşığı tarçın
- ½ çay kaşığı hindistan cevizi
- ½ çay kaşığı zencefil
- ¼ çay kaşığı karanfil
- 2 büyük yumurta
- 1 su bardağı kabak püresi
- ½ su bardağı bitkisel yağ
- ¼ bardak süt
- 1 çay kaşığı vanilya özü

TALİMATLAR:
a) Fırınınızı 350°F'de önceden ısıtın ve 9x5 inçlik somun tepsisini yağlayın. Uygun bir karıştırma kabında şekeri, unu, kabartma tozunu, kabartma tozunu, tuzu, tarçını, hindistan cevizini, zencefili ve karanfili çırpın. Ayrı bir kapta yumurtaları çırpın, ardından kabak püresini, bitkisel yağı, sütü ve vanilya özünü ekleyip karıştırın. İyice birleşene kadar karıştırın.

b) Kuru un karışımını ilave edin ve birleşene kadar karıştırın. Aşırı karıştırmayın. Hazırladığınız hamuru yağlanmış tart kalıbına dökün ve üzerini spatulayla düzeltin.

c) Önceden ısıtılmış fırında, ekmeğin ortasına batırdığınız kürdan temiz çıkana kadar 50-60 dakika pişirin.

ç) Balkabaklı ekmeği fırından çıkarın ve tavada 10 dakika soğumaya bırakın, ardından tamamen soğuması için tel ızgaranın üzerine yerleştirin. Ekmek soğuduktan sonra dilediğiniz gibi dilimleyip servis yapın.

d) Lezzetli ve nemli Estonya balkabağı ekmeğinin tadını çıkarın!

10. Estonya Yulaf Ekmeği (Kaeraleib)

İÇİNDEKİLER:
- 2 su bardağı yulaf ezmesi
- 2 su bardağı kaynar su
- 2 yemek kaşığı tereyağı
- 2 yemek kaşığı pekmez veya bal
- 2 çay kaşığı tuz
- 2 çay kaşığı aktif kuru maya
- 4 su bardağı çok amaçlı un
- Garnitür için ekstra yulaf

TALİMATLAR:
a) Ezdiğiniz yulafları uygun bir karıştırma kabına alın ve üzerine kaynar su dökün. Tereyağı, pekmez veya bal ve tuzu karıştırın. Bu karışımı ılık bir hale soğumaya bırakın. Mayayı yulaf karışımının üzerine gezdirin ve eriyene kadar karıştırın. Unu yavaş yavaş ilave edin, her eklemeden sonra yumuşak bir hamur oluşana kadar iyice karıştırın. Bu hamuru unlanmış bir yüzeye alıp yaklaşık 5-7 dakika, pürüzsüz ve elastik bir hamur olana kadar yoğurun.

b) Bu hamuru tekrar karıştırma kabına koyun ve üzerini temiz bir havluyla örtün. Sıcak, hava akımı olmayan bir yerde yaklaşık 1 saat, hacmi iki katına çıkana kadar mayalanmaya bırakın. Fırınınızı 375°F'de önceden ısıtın ve 9x5 inçlik somun tepsisini yağlayın. Bu hamuru yumruklayın ve hafifçe unlanmış bir yüzeye çevirin. Bir somun şekli verin ve hazırlanan somun tavasına yerleştirin. Süslemek için üstüne ekstra yulaf serpin. Bu hamuru tavada yaklaşık 15-20 dakika, hafifçe kabarıncaya kadar mayalandırın. Önceden ısıtılmış fırında 30-35 dakika, ekmek altın sarısı bir renk alana ve tabanına vurulduğunda içi boş bir ses çıkana kadar pişirin.

c) Yulaf ekmeğini fırından çıkarın ve tavada 10 dakika soğumaya bırakın, ardından tamamen soğuması için tel ızgaranın üzerine yerleştirin. Ekmek soğuduktan sonra dilediğiniz gibi dilimleyip servis yapın. Doyurucu ve lezzetli Estonya yulaf ekmeğinin tadını çıkarın!

11. Martsipan (Badem ezmesi)

İÇİNDEKİLER:

- 2 su bardağı badem unu veya beyazlatılmış badem
- 2 su bardağı şeker, toz
- ½ çay kaşığı badem özü
- ½ çay kaşığı gül suyu, isteğe bağlı
- Gıda boyası (isteğe bağlı)
- Toz haline getirmek için toz veya granüle şeker

TALİMATLAR:

a) Bütün badem kullanıyorsanız, birkaç dakika kaynar suda bekleterek beyazlatın, ardından süzüp kabuklarını çıkarın.

b) Tamamen kurumasına izin verin. Bir mutfak robotunda badem ununu veya beyazlatılmış bademleri pudra şekeriyle karıştırın. İyice birleşene ve bu karışım ince bir dokuya sahip olana kadar nabız atın.

c) Badem ekstraktını ve gül suyunu (eğer kullanılıyorsa) bu karışıma ilave edin ve bu karışım bir araya gelip hamur benzeri bir kıvam oluşturana kadar tekrar çalıştırın. İstenirse istenilen rengi elde etmek için bu karışıma gıda boyası ekleyebilirsiniz. Renk eşit şekilde dağılana kadar darbe uygulayın.

ç) Badem ezmesi karışımını temiz bir çalışma yüzeyine çıkarın ve pürüzsüz bir hamur topu oluşana kadar ellerinizle yoğurun. Badem ezmesi çok yapışkansa, ellerinize ve çalışma yüzeyinize biraz pudra şekeri veya toz şeker serpebilirsiniz.

d) Badem ezmesi pürüzsüz ve esnek hale geldiğinde, ona istediğiniz şekli verebilirsiniz. Yuvarlanıp şekiller halinde kesilebilir, toplar halinde şekillendirilebilir veya çeşitli süslemelere dönüştürülebilir. Hemen kullanmayacaksanız badem ezmesini plastik ambalaja sıkıca sarın ve hava geçirmez bir kapta buzdolabında 2 haftaya kadar saklayın.

e) Marzipan kekleri kaplamak, dekoratif figürler oluşturmak veya tek başına tatlı bir ikram olarak tadını çıkarmak için kullanılabilir. Ev yapımı badem ezmesinin tadını çıkarın!

12.Estonya Tatlı Çöreği (Saiake)

İÇİNDEKİLER:
HAMUR
- 1 lb. çok amaçlı un
- 1 çay kaşığı aktif kuru maya
- 3 ½ oz. şeker
- 1 bardak süt
- 3 ½ oz. Eritilmiş tereyağı
- 1 çay kaşığı tuz
- 1 çay kaşığı kakule

DOLGU
- 3 ½ oz. tereyağı, yumuşatılmış
- 3 ½ oz. şeker
- 1 çay kaşığı vanilya özü

SIR
- 1 yumurta, dövülmüş
- Üzerine serpmek için inci şekeri (isteğe bağlı)

TALİMATLAR:
a) Uygun bir karıştırma kabında un, maya, şeker, tuz ve kakuleyi karıştırın. İyice karıştırmak için karıştırın. Bir tencerede sütü ılık olana kadar ısıtın, ardından eritilmiş tereyağını ekleyip karıştırın.
b) Birleştirmek için karıştırın. Süt karışımını karıştırma kabındaki kuru malzemelere ekleyin ve yumuşak bir hamur oluşana kadar karıştırın.
c) Bu hamuru unlu bir yüzeye açın ve pürüzsüz ve elastik hale gelinceye kadar yaklaşık 5-7 dakika yoğurun. Bu hamuru tekrar karıştırma kabına alın, üzerini temiz bir havluyla örtün ve ılık bir yerde yaklaşık 1 saat, hacmi iki katına çıkana kadar mayalanmaya bırakın.
ç) Fırınınızı 350°F'de önceden ısıtın ve fırın tepsisini parşömen kağıdıyla kaplayın. Yükselen hamuru yumruklayın ve unlu bir yüzeye çevirin. Küçük parçalara bölün ve her parçaya uygun bir çörek şekli verin.
d) Uygun bir kapta yumuşatılmış tereyağını, şekeri ve vanilya özünü karıştırarak dolguyu hazırlayın. Her bir çöreği parmaklarınızla düzleştirin ve her bir çöreğin ortasına dolgudan uygun bir miktar

koyun. Bu hamurun kenarlarını dolgunun üzerine katlayın ve top şeklinde bir topuz oluşturacak şekilde sıkıştırın. Doldurduğunuz çörekleri hazırlanan fırın tepsisine aralarında biraz boşluk bırakarak yerleştirin. Çöreklere çırpılmış yumurta sürün ve üzerine inci şekeri (kullanılıyorsa) serpin.

e) Çörekleri önceden ısıtılmış fırında, üstleri altın rengi oluncaya kadar 15-20 dakika pişirin. Çörekleri fırından çıkarın ve birkaç dakika fırın tepsisinde soğumasını bekleyin, ardından tamamen soğuması için tel ızgaraya aktarın.

f) Çörekler soğuduktan sonra servis yapın ve lezzetli Estonya tatlı çöreklerinizin tadını çıkarın!

13. Geleneksel Estonya Ekmeği (Kama Leib)

İÇİNDEKİLER:
- 1 lb çavdar unu
- 1 lb. buğday unu
- 9 oz. kama tozu (Estonya kavrulmuş tahıl tozu)
- 1 yemek kaşığı tuz
- 1 yemek kaşığı şeker
- 1 yemek kaşığı aktif kuru maya
- 2 bardak ılık su

TALİMATLAR:
a) Uygun bir karıştırma kabında çavdar unu, buğday unu, kama tozu, tuz, şeker ve aktif kuru mayayı karıştırın. İyice karıştırmak için karıştırın. Bir hamur oluşana kadar karıştırırken yavaş yavaş ılık suyu kuru malzemelere ekleyin. Doğru kıvamı elde etmek için su miktarını biraz ayarlamanız gerekebilir. Bu hamuru unlu bir yüzeye açın ve pürüzsüz ve elastik hale gelinceye kadar yaklaşık 5-7 dakika yoğurun. Bu hamuru tekrar karıştırma kabına alın, üzerini temiz bir havluyla örtün ve ılık bir yerde yaklaşık 1 saat, hacmi iki katına çıkana kadar mayalanmaya bırakın.
b) Fırınınızı 400°F'de önceden ısıtın ve somun tepsisini parşömen kağıdıyla kaplayın. Yükselen hamuru yumruklayın ve unlu bir yüzeye çevirin. Bir somun şekli verin ve hazırlanan somun tavasına yerleştirin. Somun tepsisini temiz bir havluyla örtün ve bu hamurun 30 dakika daha kabarmasını bekleyin. Kama ekmeğini önceden ısıtılmış fırında 40-45 dakika, üstü altın rengi kahverengi olana ve altına dokunulduğunda içi boş ses çıkana kadar pişirin.
c) Ekmeği fırından çıkarın ve somun tepsisinde birkaç dakika soğumaya bırakın, ardından tamamen soğuması için tel ızgaranın üzerine yerleştirin. Kama ekmeği soğuduktan sonra dilediğiniz gibi dilimleyip servis yapın. Geleneksel olarak tereyağı, peynir veya diğer soslarla tüketilir.

14. Yaban Mersinli Lapa (Mustikapuder)

İÇİNDEKİLER:
- 1 su bardağı taze veya dondurulmuş yaban mersini
- 1 bardak su
- ½ bardak haddelenmiş yulaf
- ½ bardak süt
- 2 yemek kaşığı şeker
- ¼ çay kaşığı tuz
- ½ çay kaşığı vanilya özü

TALİMATLAR:
a) Uygun bir tencerede yaban mersini ve suyu karıştırın. Orta ateşte kaynatın ve ardından ısıyı en aza indirin.
b) Yaban mersini yumuşayıp suyunu salana kadar yaklaşık 5-7 dakika pişirin. Haddelenmiş yulaf, süt, şeker, tuz ve vanilya özünü karıştırın.
c) Yulaf sıvıyı emene ve yulaf lapası istediğiniz kıvama gelinceye kadar, sık sık karıştırarak, yaklaşık 5-7 dakika kısık ateşte pişirin. Ateşten alın ve servis yapmadan önce yulaf lapasını birkaç dakika soğumaya bırakın.
ç) Mustikapuder'i kaselerde veya tatlı tabaklarında sıcak olarak servis edin . İsterseniz ilave yaban mersini, çiseleyen şeker veya bir parça çırpılmış krema ile süsleyebilirsiniz.
d) Geleneksel Estonya yaban mersini lapası Mustikapuder'in sıcak ve rahatlatıcı lezzetlerinin tadını çıkarın .

15.Siyah Çavdar Ekmeği (Rukkileib)

İÇİNDEKİLER:

- 2 su bardağı çavdar unu
- 2 su bardağı tam buğday unu
- ½ bardak çok amaçlı un
- 2 ½ su bardağı ayran
- ½ su bardağı pekmez
- ¼ bardak koyu mısır şurubu
- 1 çay kaşığı tuz
- 1 çay kaşığı karbonat
- 2 yemek kaşığı kakao tozu
- ½ su bardağı ayçiçeği çekirdeği (isteğe bağlı)

TALİMATLAR:

a) Uygun bir karıştırma kabında çavdar ununu, tam buğday ununu ve çok amaçlı unu çırpın. Ayrı bir kapta ayran, pekmez ve koyu mısır şurubunu karıştırın. İyice karıştırın. Ayran karışımını kuru malzemelerle karıştırın ve kalın, yapışkan bir hamur oluşana kadar karıştırın. Bu kaseyi temiz bir havlu veya plastik ambalajla örtün ve hamurun mayalanıp lezzet geliştirmesi için 12-24 saat oda sıcaklığında bekletin.

b) Fermantasyon süresinden sonra fırınınızı 350°F'de önceden ısıtın. 9x5 inçlik bir somun tavasını yağlayın ve bir kenara koyun. Tuz, kabartma tozu ve kakao tozunu iyice birleşene kadar fermente hamurun içine karıştırın. İstenirse ayçiçeği çekirdeğini veya diğer eklentileri bu noktada karıştırın. Bu hamuru hazırlanan ekmek kalıbına aktarın ve üstünü bir spatula ile düzeltin.

c) Ekmeği önceden ısıtılmış fırında, ortasına batırdığınız kürdan temiz çıkana kadar 50-60 dakika pişirin. Ekmeği fırından çıkarın ve tavada 10 dakika soğumaya bırakın, ardından tamamen soğuması için tel ızgaranın üzerine yerleştirin.

ç) Ekmek tamamen soğuduktan sonra dilimleyebilir ve ev yapımı siyah çavdar ekmeğinizin tadını çıkarabilirsiniz!

16. Estonya Yulaf Lapası

İÇİNDEKİLER:
- 1 su bardağı yulaf ezmesi
- 2 bardak su
- ¼ çay kaşığı tuz
- 2 bardak süt
- 1 yemek kaşığı tereyağı
- Üzeri için meyveler, fındıklar, tohumlar, bal veya reçel

TALİMATLAR:
a) Uygun bir tencerede yulaf ezmesini, suyu ve tuzu karıştırın. Orta ateşte kaynatın. Isıyı en aza indirin ve yulaf sıvının çoğunu emip yumuşayana kadar ara sıra karıştırarak yaklaşık 5 dakika pişirin.
b) Sütü tencereye ekleyin ve yulaf lapası istediğiniz kıvama gelinceye kadar sık sık karıştırarak 5-7 dakika daha kaynamaya devam edin. Eğer çok koyu olursa kıvamını ayarlamak için biraz daha süt ekleyebilirsiniz. Tencereyi ocaktan alıp tereyağını ekleyip eriyene kadar karıştırın.
c) Yulaf lapasını kaselerde sıcak olarak servis edin ve meyveler, fındıklar, tohumlar, bal veya reçel gibi istediğiniz malzemeleri ekleyin. Sıcak ve rahatlatıcı Estonya Lapasının tadını çıkarın!

17. Yumurta Püresi (Munavõi)

İÇİNDEKİLER:
- 4 adet haşlanmış yumurta
- ½ su bardağı tuzsuz tereyağı, oda sıcaklığında
- ½ çay kaşığı tuz
- ¼ çay kaşığı karabiber
- Garnitür için taze frenk soğanı, dereotu veya maydanoz

TALİMATLAR:
a) Haşlanmış yumurtaları soyun ve küçük parçalar halinde doğrayın. Uygun bir karıştırma kabına yumuşatılmış tereyağını, karabiberi ve tuzu ekleyip karıştırın. Birleştirilene kadar iyice karıştırın. Kıyılmış haşlanmış eti kasede tereyağı karışımıyla karıştırın.

b) Yumurtaları ve tereyağını kremsi ve iyice birleşene kadar birlikte ezmek için bir çatal veya patates ezici kullanın. İsterseniz baharatı daha fazla tuz veya karabiberle tadın ve ayarlayın.

c) Estonya Yumurtalarını servis tabağına aktarın ve isterseniz taze frenk soğanı, dereotu veya maydanozla süsleyin. Munavõi'yi ekmek veya kraker üzerine sürerek servis edin ve tadını çıkarın!

18.Estonya Sosis (Eesti Vorst)

İÇİNDEKİLER:
- 1 lb. kıyma domuz eti veya sığır eti
- ½ lb. domuz yağı, ince doğranmış
- 1 küçük soğan, ince kıyılmış
- 2 diş sarımsak, kıyılmış
- 1 çay kaşığı tuz
- ½ çay kaşığı karabiber
- ½ çay kaşığı öğütülmüş yenibahar
- ½ çay kaşığı öğütülmüş kişniş
- ½ çay kaşığı öğütülmüş kırmızı biber
- ¼ çay kaşığı öğütülmüş hindistan cevizi
- ¼ çay kaşığı öğütülmüş karanfil
- Tatmak için doğal sosis kılıfları
- Tavada kızartılacaksa sıvı yağ

TALİMATLAR:

a) Uygun bir karıştırma kabında, domuz kıymasını veya dana etini, doğranmış domuz yağı, kıyılmış soğan, kıyılmış sarımsak, tuz, karabiber, yenibahar, kişniş, kırmızı biber, hindistan cevizi ve karanfil ile karıştırın. Tüm malzemeler iyice birleşene kadar iyice karıştırın. Doğal sosis kılıfları kullanıyorsanız bunları üreticinin talimatlarına göre hazırlayın.

b) Kullanmadan önce yumuşatmak için yaklaşık 30 dakika ılık suda bekletin. Et karışımını sosis kalıplarına bir sosis doldurucu veya elinizle doldurun. Bağlantılar oluşturmak için sosisleri düzenli aralıklarla çevirin. Kılıf kullanmamayı tercih ederseniz sosis karışımını elle köfte veya kütük haline getirebilirsiniz. Izgara yapıyorsanız, ızgaranızı orta-yüksek ateşte önceden ısıtın.

c) Sosisleri yaklaşık 10-12 dakika, ara sıra çevirerek, tamamen pişene ve dış kısımları güzelce kızarana kadar ızgarada pişirin. Tavada kızartıyorsanız, tavayı orta ateşte ısıtın ve biraz yemeklik yağ ekleyin. Sosisleri yaklaşık 10-12 dakika, ara sıra çevirerek, tamamen pişene ve altın-kahverengi bir kabuk oluşana kadar tavada kızartın. Estonya sosisleri piştikten sonra servis tabağına alın ve servis yapmadan önce birkaç dakika dinlendirin. Estonya sosislerini, lahana turşusu, patates veya daldırma için hardal gibi en sevdiğiniz garnitürlerle birlikte sıcak olarak servis edin.

19.Estonyalı Omlet

İÇİNDEKİLER:
- 4 büyük yumurta
- ¼ bardak süt
- ½ çay kaşığı tuz
- ¼ çay kaşığı karabiber
- 1 yemek kaşığı tereyağı veya yemeklik yağ
- ½ bardak rendelenmiş peynir (çedar, İsviçre veya gouda)
- ½ bardak sebze (biber, soğan, mantar veya domates), doğranmış
- Süslemek için frenk soğanı, maydanoz veya dereotu

TALİMATLAR:
a) Uygun bir karıştırma kabında yumurtaları, sütü, karabiberi ve tuzu iyice karışana kadar çırpın.
b) Yapışmaz bir tavayı orta ateşte ısıtın ve tereyağını eritin veya yemeklik yağı ısıtın. Doğranmış sebzeleri tavaya alıp 2-3 dakika hafif yumuşayana kadar pişirin.
c) Yumurta karışımını tavadaki sebzelerin üzerine dökün ve kenarları sertleşene ve ortası hala hafifçe titreyene kadar birkaç dakika karıştırmadan pişmesine izin verin. Rendelenmiş peyniri omletin üzerine eşit şekilde gezdirin.
ç) Bir spatula kullanarak omleti dikkatlice ikiye katlayın ve omletin diğer yarısıyla dolguları kaplayın. Peynir eriyene ve omlet iyice pişene kadar 1-2 dakika daha pişirin.
d) Estonya omletini servis tabağına kaydırın ve isterseniz taze otlarla süsleyin. Omleti dilimler halinde kesin ve lezzetli ve doyurucu bir kahvaltı veya brunch yemeği olarak sıcak olarak servis yapın.

20. Kama Kottidega

İÇİNDEKİLER:
- 1 bardak kama (kavrulmuş tahıl karışımı)
- 1 su bardağı sade yoğurt
- ½ su bardağı karışık meyveler (yaban mersini, ahududu, çilek)
- 2 yemek kaşığı bal
- Süslemek için taze nane yaprakları (isteğe bağlı)

TALİMATLAR:
a) Uygun bir karıştırma kabında kama ve sade yoğurdu karıştırın. Kalın, pürüzsüz bir karışım oluşturmak için iyice karıştırın. Karışık meyveleri yıkayıp süzün. Çilek kullanıyorsanız kabuklarını soyun ve daha küçük parçalara bölün.
b) kama -yoğurt karışımına karıştırın . Birleştirmek için yavaşça karıştırın. Bu karışımı tadın ve gerekirse ilave bal ekleyerek tatlılığı tercihinize göre ayarlayın.
c) Bir kaşık veya ellerinizi kullanarak kama karışımıyla küçük keseler veya toplar oluşturun.
ç) Bunları küçük toplar haline getirebilir veya diskler halinde düzleştirebilirsiniz. Kama poşetlerini servis tabağına dizin .
d) İsterseniz ekstra tazelik için taze nane yapraklarıyla süsleyin.
e) kama poşetlerini sağlıklı ve canlandırıcı bir Estonya atıştırmalık veya tatlısı olarak servis edin .

21. Patates gözlemesi

İÇİNDEKİLER:

- 5 patates beyaz, orta boy, soyulmuş
- 1 soğan, orta boy
- 1 yumurta
- 3 yemek kaşığı un
- Tatmak için deniz tuzu
- Tatmak için karabiber

TALİMATLAR:

a) Patatesleri mutfak robotunda rendeleyin ve doğradığınız parçaları bir kaseye ekleyin.

b) Yumurta, un, karabiber, tuz ve doğranmış soğanı ekleyin. Sert bir hamur elde edene kadar çatal yardımıyla iyice karıştırın.

c) Demir bir tavayı orta ateşe yerleştirin ve ısıtmak için hindistancevizi yağını ekleyin. Patates hamurunun ¼'ünü tavaya ekleyin ve krep haline getirin.

ç) Her iki tarafı da altın rengi kahverengi olana kadar 2-3 dakika pişirin. Patates karışımını kullanarak daha fazla krep yapmaya devam edin. Sert.

22. Estonya Sebzeli Omlet (Juurviljaomlett)

İÇİNDEKİLER:
- 4 büyük yumurta
- ¼ bardak süt
- ½ su bardağı rendelenmiş peynir (cheddar veya Gouda)
- 1 küçük soğan, ince doğranmış
- 1 küçük havuç, soyulmuş ve rendelenmiş
- 1 küçük kabak, rendelenmiş
- 1 küçük dolmalık biber, ince doğranmış
- 2 yemek kaşığı tereyağı
- Tatmak için karabiber
- Tatmak için tuz
- Süslemek için taze maydanoz

TALİMATLAR:
a) Uygun bir kapta yumurta ve sütü iyice karışana kadar çırpın. Rendelenmiş peyniri karıştırın. Yapışmaz bir tavayı orta ateşte ısıtın ve tereyağını eritin.
b) Doğranmış soğanı, rendelenmiş havucu, rendelenmiş kabakları ve doğranmış dolmalık biberi tavada karıştırın. Sebzeler yumuşayana kadar 3-4 dakika soteleyin. Yumurtalı karışımı tavada sotelediğiniz sebzelerin üzerine dökün.
c) Kenarlar sertleşene ve ortası hafifçe titreyene kadar 4-5 dakika pişirin. Omletin kenarlarını yavaşça kaldırmak için bir spatula kullanın ve pişmemiş yumurtaların altına akmasını sağlamak için tavayı eğerek.
ç) sertleştikten sonra, uygun bir spatula kullanarak veya bir tabağa ters çevirip tekrar tavaya kaydırarak dikkatlice ters çevirin. Omlet tamamen pişene ve hafif altın rengi kahverengi olana kadar 2-3 dakika daha pişirin. Tatmak için karabiber ve tuzla tatlandırın.
d) Omleti servis tabağına alın, dilimler halinde kesin ve isteğe göre taze maydanozla süsleyin. Sıcak servis yapın ve lezzetli Estonya Sebzeli Omletinizin tadını çıkarın!

23. Estonya Arpa Lapası (Oderpuder)

İÇİNDEKİLER:

- 1 su bardağı inci arpa
- 4 bardak su veya et suyu (tavuk, sebze veya sığır eti)
- ½ çay kaşığı tuz
- 1 orta boy soğan, ince doğranmış (isteğe bağlı)
- 1 orta boy rendelenmiş havuç (isteğe bağlı)
- 2 yemek kaşığı tereyağı veya yemeklik yağ (isteğe bağlı)
- Garnitür için taze maydanoz veya dereotu (isteğe bağlı)

TALİMATLAR:

a) Herhangi bir yabancı maddeyi gidermek için inci arpayı ince gözenekli bir süzgeçte soğuk su altında durulayın. Uygun bir tencerede durulanmış arpa, su veya et suyu ve tuzu karıştırın. Kullanıyorsanız ekstra lezzet için ince doğranmış soğanı ve rendelenmiş havucu karıştırın.

b) Tencereyi orta ateşe koyun ve bu karışımı kaynatın. Isıyı en aza indirin ve arpanın üstü kapalı olarak, yumuşayana kadar yaklaşık 30-40 dakika pişmesine izin verin. Tencerenin dibine yapışmasını önlemek için ara sıra karıştırın.

c) Kullanıyorsanız, pişmiş arpaya tereyağı veya yemeklik yağ ekleyin ve iyice karıştırın. Arpa lapasını tadın ve tercihinize göre daha fazla tuz veya diğer baharatlarla baharatı ayarlayın.

ç) Tencereyi ocaktan alın ve arpa lapasının koyulaşması için birkaç dakika bekletin. Estonya arpa lapasını, isteğe göre taze maydanoz veya dereotu ile süsleyerek, kaselerde sıcak olarak servis edin.

d) Lezzetli ve doyurucu bir kahvaltı veya doyurucu bir yemek olarak sıcak ve rahatlatıcı Estonya arpa lapasının tadını çıkarın.

ATIŞTIRMALIKLAR

24.Bakla Börekleri (Hõrgud Kõrtpoolakesed)

İÇİNDEKİLER:
- 1 su bardağı bakla veya bakla, kabuklu
- 1 küçük soğan, ince doğranmış
- 2 diş sarımsak, kıyılmış
- ½ bardak çok amaçlı un
- ½ çay kaşığı kabartma tozu
- 1 çay kaşığı kurutulmuş otlar (maydanoz, dereotu veya kekik)
- ½ çay kaşığı tuz
- ¼ çay kaşığı karabiber
- 1 büyük yumurta
- Kızartmalık yağ

TALİMATLAR:
a) Uygun bir kapta kabukları soyulmuş baklayı, ince doğranmış soğanı, kıyılmış sarımsağı, çok amaçlı unu, kabartma tozunu, kuru otları, karabiberi ve tuzu karıştırın. Birleştirmek için iyice karıştırın. Yumurtayı bu karışıma ekleyin ve malzemeler iyice birleşene kadar karıştırın.

b) Yaklaşık ½ inç yağı bir tavada orta-yüksek ateşte ısıtın. Kızgın yağa bakla karışımından kaşık dolusu damlatın ve kaşığın arkasıyla hafifçe düzleştirerek börek yapın. Böreklerin her tarafı altın rengi kahverengi ve çıtır oluncaya kadar yaklaşık 2-3 dakika kızartın.

c) Kızaran börekleri delikli bir kaşık kullanarak kağıt havlu serili bir tabağa aktarın ve fazla yağını süzün. Gerektiğinde tavaya daha fazla yağ ekleyerek işlemi kalan bakla karışımıyla tekrarlayın.

ç) Bakla böreklerini lezzetli bir meze, atıştırmalık veya garnitür olarak sıcak olarak servis edin. İsterseniz yoğurt sosu, aioli veya ekşi krema gibi en sevdiğiniz dip sosla çıtır ve lezzetli bakla böreklerinizin tadını çıkarın.

25.Estonya Lor Yemeği (Kohupiimakreem)

İÇİNDEKİLER:

- 2 su bardağı lor peyniri veya süzme peynir
- ½ bardak) şeker
- 1 çay kaşığı vanilya özü veya diğer aromalar (isteğe bağlı)
- Üzeri için taze meyveler veya meyveler (çilek, yaban mersini veya ahududu)
- Süslemek için taze nane yaprakları (isteğe bağlı)

TALİMATLAR:

a) Uygun bir karıştırma kabında lor peyniri veya süzme peyniri, şekeri, vanilya özütünü veya diğer aromaları (kullanıyorsanız) karıştırın. Birleştirmek için iyice karıştırın.

b) Bu karışımı tadın ve isterseniz daha fazla şeker ekleyerek tatlılığı tercihinize göre ayarlayın. Lor peynirli karışımı servis kaselerine veya bardaklara kaşıkla dökün.

c) Tatların birbirine karışmasını ve bu karışımın sertleşmesini sağlamak için lor atıştırmalıklarını buzdolabında en az 1 saat soğutun.

ç) Servis yapmadan hemen önce, lor atıştırmalıklarının üzerine seçtiğiniz taze meyveler veya meyveler ekleyin. Daha fazla tazelik ve renk için istenirse taze nane yapraklarıyla süsleyin. Estonya lor atıştırmalıklarını soğutulmuş olarak servis edin ve lezzetli ve canlandırıcı bir tatlı veya atıştırmalık olarak tadını çıkarın.

26.Estonyalı Semla (Vastlakukkel)

İÇİNDEKİLER:
TOPUZ
- 2 fincan çok amaçlı un
- ¼ su bardağı toz şeker
- ½ çay kaşığı tuz
- 1 çay kaşığı aktif kuru maya
- ½ bardak süt
- ¼ bardak tuzsuz tereyağı, eritilmiş
- 1 büyük yumurta
- 1 çay kaşığı öğütülmüş kakule
- Üzerine serpmek için pudra şekeri

BADEM Ezmesi DOLGU
- ½ su bardağı öğütülmüş badem
- ½ su bardağı şeker, toz
- 1 yemek kaşığı tuzsuz tereyağı, yumuşatılmış
- ½ çay kaşığı badem özü
- ¼ bardak süt

KREMA ŞANTİ DOLGU
- 1 bardak ağır krema
- 2 yemek kaşığı pudra şekeri
- 1 çay kaşığı vanilya özü

TALİMATLAR:
TOPUZ

a) Uygun bir karıştırma kabında şekeri, unu, tuzu ve aktif kuru mayayı çırpın. Uygun bir tencerede sütü ılık olana kadar (yaklaşık 110°F/43°C) ısıtın. Sıcak sütü, eritilmiş tereyağını, yumurtayı ve öğütülmüş kakuleyi kuru malzemelere karıştırın. Bir hamur oluşturmak için iyice karıştırın. Bu hamuru unlu bir yüzeye açın ve pürüzsüz ve elastik hale gelinceye kadar yaklaşık 5-7 dakika yoğurun. Bu hamuru tekrar karıştırma kabına alıp üzerini temiz bir havluyla örtün ve ılık bir yerde yaklaşık 1 saat, hacmi iki katına çıkana kadar mayalanmaya bırakın.

b) Fırınınızı 350°F'de önceden ısıtın ve fırın tepsisini parşömen kağıdıyla kaplayın. Mayalanan hamuru yoğurup 10-12 eşit parçaya bölün. Her parçayı uygun bir yuvarlak çörek haline getirin ve hazırlanan fırın tepsisine yerleştirin. Çörekleri önceden ısıtılmış fırında, üstleri altın rengi kahverengi olana kadar 12-15 dakika pişirin. Çörekleri fırından çıkarın ve tel ızgara üzerinde tamamen soğumasını bekleyin.

BADEM Ezmesi DOLGU

c) Uygun bir karıştırma kabında öğütülmüş bademleri, pudra şekerini, yumuşatılmış tereyağını ve badem özünü karıştırın. Kalın bir macun oluşturmak için iyice karıştırın. Badem ezmesi sürülebilir bir kıvama gelinceye kadar sütü gerektiği kadar yavaş yavaş ekleyin.

KREMA ŞANTİ DOLGU

ç) Ayrı bir karıştırma kabında kremayı, pudra şekerini ve vanilya özünü sert tepe noktaları oluşana kadar çırpın.

d) Yapılışı: Çörekler tamamen soğuduktan sonra her bir çöreğin üstünü kesin ve üst kısımlarını bir kenara koyun. Bir boşluk oluşturmak için topuzun ortasından uygun bir kısmı çıkarın.

e) Dolgular için: Boşluğu bir kaşık dolusu badem ezmesi dolgusu ile doldurun.

f) Badem ezmesi dolgusunun üzerine bol miktarda çırpılmış krema sıkın veya kaşıklayın.

g) Ayrılmış çörek üstlerini tekrar çırpılmış kremanın üzerine yerleştirin. Dekorasyon için çöreklerin üzerine pudra şekeri serpin.

27.Estonya Çaça Sandviçi (Sprotivõileib)

İÇİNDEKİLER:
- 4 dilimlenmiş çavdar ekmeği veya başka bir ekmek
- 4 konserve çaça yağı
- 2 yemek kaşığı yumuşatılmış tereyağı
- 1 kırmızı soğan, ince dilimlenmiş
- 1 yemek kaşığı taze dereotu, doğranmış
- Servis için limon dilimleri

TALİMATLAR:
a) Ekmek dilimlerini kızartın veya hafifçe yağlayın. Yağı saklayarak konserve çaçaları boşaltın. Her ekmek diliminin üzerine ince bir tabaka yumuşatılmış tereyağı sürün.

b) Tereyağlı ekmek dilimlerinin üzerine balıkların arasında biraz boşluk kalacak şekilde birkaç hamsi yerleştirin. Çaçaların üzerine ince dilimlenmiş kırmızı soğan ve biraz doğranmış taze dereotu serpin.

c) Lezzet katmak için konserve çaçalardan ayırdığınız yağın bir kısmını üstüne gezdirin. Çaça Sandviçlerini yemeden önce üzerine sıkmak için yanlarına limon dilimleri koyarak servis yapın.

ç) Lezzetli ve doyurucu bir atıştırmalık veya meze olarak Estonya Çaça Sandviçlerinin tadını çıkarın!

28.Tavuk Ezmesi

İÇİNDEKİLER:
- 1 lb. kemiksiz, derisiz tavuk göğsü veya uyluk
- 1 orta boy soğan, ince doğranmış
- 2 diş sarımsak, kıyılmış
- 3 ½ oz. tereyağı, yumuşatılmış
- 2 yemek kaşığı çok amaçlı un
- ½ su bardağı tavuk suyu
- ½ bardak ağır krema
- Tatmak için karabiber
- Tatmak için tuz
- Garnitür için taze otlar (maydanoz veya kekik)

TALİMATLAR:

a) Fırınınızı 350°F'de önceden ısıtın. Uygun bir tencerede 1 oz'u eritin. orta ateşte tereyağı. Doğranmış soğanı ve kıyılmış sarımsağı karıştırın ve yumuşayana kadar yaklaşık 3-4 dakika soteleyin. Tavuk parçalarını tencereye alıp pembeleşmeyene kadar yaklaşık 5-6 dakika pişirin.

b) Tencereyi ocaktan alın ve tavuk karışımının biraz soğumasını bekleyin.

c) Tavuk karışımı soğuduktan sonra bir mutfak robotuna veya blendere aktarın. Yumuşatılmış tereyağını ve unu mutfak robotuna veya karıştırıcıya ekleyin ve pürüzsüz hale gelinceye kadar işleyin. Tavuk karışımını tekrar tencereye alın ve tekrar orta ateşteki ocağa koyun.

ç) Topaklanmayı önlemek için sürekli karıştırarak tavuk suyunu ve ağır kremayı yavaş yavaş karıştırın. Bu karışımı sık sık karıştırarak koyulaşana kadar yaklaşık 5 dakika pişirin. Tavuk ezmesini karabiber ve tuzla bolca tatlandırın. Tavuk ezmesini yağlanmış bir pişirme kabına veya tek tek ramekinlere dökün.

d) Önceden ısıtılmış fırında 20-25 dakika, üstü hafif altın rengi olana ve pate sertleşene kadar pişirin. Fırından çıkarıp oda sıcaklığına soğumaya bırakın.

e) Soğuduktan sonra üzerini streç filmle kapatıp, macun sertleşene kadar en az 2-3 saat buzdolabında bekletin. Servis yapmadan önce isteğe göre maydanoz, kekik gibi taze otlarla süsleyebilirsiniz.

f) Estonya Tavuk Ezmesi'ni meze veya atıştırmalık olarak kraker, ekmek veya kızarmış ekmek parçalarıyla birlikte servis edin. Ev yapımı Estonyalı Tavuk Ezmesi'nin tadını çıkarın!

29.Patates Cipsi (Kartulikrõpsud)

İÇİNDEKİLER:

- 4 orta boy patates
- Tatmak için tuz
- Kızartmak için sıvı yağ

TALİMATLAR:

a) Patatesleri yıkayıp soyun. Keskin bir bıçak veya Mandoline dilimleyici kullanarak patatesleri ince, eşit yuvarlaklar halinde dilimleyin. Patates dilimlerini uygun bir soğuk su kabına koyun ve fazla nişastayı gidermek için yaklaşık 10 dakika bekletin. Patates dilimlerini boşaltın ve temiz bir mutfak havlusu veya kağıt havluyla kurulayın.

b) Derin bir kızartma tavasında veya fritözde yemeklik yağı yaklaşık 180°C'ye (350°F) ısıtın. Tavayı aşırı doldurmadan patates dilimlerini küçük gruplar halinde sıcak yağa dikkatlice karıştırın.

c) Patates dilimlerini altın rengi kahverengi ve çıtır olana kadar kızartın, eşit kızartma sağlamak için ara sıra çevirin. Delikli bir kaşık kullanarak, kızartılan patates cipslerini yağdan çıkarın ve fazla yağın süzülmesi için kağıt havluların üzerine koyun. Sıcak patates cipslerini, henüz yağlıyken hemen bol miktarda tuzla baharatlayın, böylece tuzun cipslere yapışmasını sağlayın. Kızartma işlemini kalan patates dilimleriyle tekrarlayın.

ç) Servis yapmadan önce patates cipslerinin tamamen soğumasını bekleyin. Estonya patates cipslerini gevrekliklerini korumak için hava geçirmez bir kapta saklayın.

30.Soğan Halkaları (Sibulakrõpsud)

İÇİNDEKİLER:

- 2 büyük soğan
- 1 fincan çok amaçlı un
- 1 çay kaşığı kabartma tozu
- ½ çay kaşığı tuz
- ¼ çay kaşığı karabiber
- ¼ çay kaşığı kırmızı biber
- ¼ çay kaşığı sarımsak tozu
- ¼ çay kaşığı soğan tozu
- ½ su bardağı soğuk su
- Kızartmak için sıvı yağ

TALİMATLAR:

a) Soğanları soyun ve halkaları ayırarak ince dilimler halinde kesin. Uygun bir karıştırma kabında un, kabartma tozu, tuz, karabiber, kırmızı biber, sarımsak tozu ve soğan tozunu çırpın.

b) Soğuk suyu kuru malzemelere yavaş yavaş ekleyerek pürüzsüz bir hamur oluşana kadar çırpın . Derin bir kızartma tavasında veya fritözde yemeklik yağı yaklaşık 180°C'ye (350°F) ısıtın.

c) Soğan halkalarını hazırlanan hamura batırın, fazla hamurun akmasını sağlayın ve birkaç seferde dikkatlice sıcak yağa yerleştirin.

ç) Soğan halkalarını altın rengi kahverengi ve çıtır olana kadar kızartın, eşit kızartma sağlamak için ara sıra çevirin. Delikli bir kaşık kullanarak, kızartılmış soğan halkalarını yağdan çıkarın ve fazla yağın süzülmesi için kağıt havluların üzerine koyun.

d) Kalan soğan halkalarıyla kızartma işlemini tekrarlayın. Estonya soğan halkalarının servis yapmadan önce hafifçe soğumasını bekleyin. Soğan halkalarını lezzetli ve çıtır bir atıştırmalık veya meze olarak servis edin.

31. Kavrulmuş Tahıl Atıştırmalığı (Kama)

İÇİNDEKİLER:
- 1 su bardağı tam buğday unu
- 1 su bardağı çavdar unu
- ½ su bardağı arpa unu
- ½ su bardağı yulaf unu
- ½ su bardağı karabuğday unu
- ½ bardak keten tohumu küspesi
- ½ su bardağı şeker, toz
- ½ bardak kakao tozu
- ½ çay kaşığı tuz
- ½ bardak tuzsuz tereyağı, eritilmiş
- ½ bardak bal

TALİMATLAR:
a) Fırınınızı 350°F'de önceden ısıtın ve fırın tepsisini parşömen kağıdıyla kaplayın. Uygun bir karıştırma kabında tam buğday unu, çavdar unu, arpa unu, yulaf unu, karabuğday unu, keten tohumu unu, pudra şekeri, kakao tozu ve tuzu çırpın.

b) tereyağı ve balı kuru malzemelere ekleyin ve ufalanan bir hamur oluşana kadar iyice karıştırın. Bu hamuru hazırlanan fırın tepsisine eşit şekilde yayın ve bir spatula veya elinizle bastırarak sıkıştırın.

c) Bu hamuru önceden ısıtılmış fırında 20-25 dakika, hafif altın rengi oluncaya kadar pişirin. Pişen hamuru fırından alıp fırın tepsisinde tamamen soğumaya bırakın. Soğuduktan sonra, pişmiş hamuru küçük parçalara ayırın veya uygun bir kaseye ufalayarak çıtır ve besleyici bir Estonya kavrulmuş tahıl atıştırması hazırlayın.

ç) Kama atıştırmalıklarını lezzetli ve sağlıklı bir ikram olarak, tek başına tadını çıkarmak için veya yoğurt, yulaf lapası veya diğer tatlıların üzerine koymak için mükemmel bir şekilde servis edin.

32.Yabani Sarımsak Cipsi (Karulauguviilud)

İÇİNDEKİLER:

- 1 demet yabani sarımsak yaprağı
- 1 fincan çok amaçlı un
- ½ çay kaşığı tuz
- ¼ çay kaşığı karabiber
- ¼ çay kaşığı kırmızı biber
- ¼ çay kaşığı sarımsak tozu
- ¼ çay kaşığı soğan tozu
- ½ su bardağı soğuk su
- Kızartmak için bitkisel yağ

TALİMATLAR:

a) Yabani sarımsak yapraklarını iyice yıkayıp kurulayın, ardından sert sapları kesin. Uygun bir karıştırma kabında un, tuz, karabiber, kırmızı biber, sarımsak tozu ve soğan tozunu çırpın. Soğuk suyu kuru malzemelere yavaş yavaş ekleyerek, kalın bir hamur elde edene kadar sürekli çırpın . Bitkisel yağı derin bir tavada veya fritözde yaklaşık 350°F (180°C) sıcaklığa ısıtın.

b) Her bir yabani sarımsak yaprağını hazırlanan hamura batırın ve her iki tarafını da eşit şekilde kaplayın. Kaplanmış yabani sarımsak yapraklarını dikkatli bir şekilde sıcak yağa yerleştirin ve altın kahverengi ve gevrek oluncaya kadar her tarafı yaklaşık 1-2 dakika boyunca gruplar halinde kızartın. Kızartılmış yabani sarımsak parçacıklarını fazla yağı boşaltmak için kağıt havluyla kaplı bir plakaya aktarmak için oluklu bir kaşık veya tel örgü süzgeç kullanın. Kızartma işlemini kalan yabani sarımsak yaprakları ve hamurla tekrarlayın.

c) Tüm yabani sarımsak parçacıkları kızartılıp süzüldükten sonra, lezzetli bir Estonya yabani sarımsak atıştırması olarak servis yapmadan önce biraz soğumalarını bekleyin. Çıtır çıtır ve lezzetli yabani sarımsak parçacıklarının tek başına veya diğer yemeklerin yanında benzersiz ve lezzetli bir eşlikçi olarak tadını çıkarın.

33. Konserve Geyik Eti (Põdralihakonserv)

İÇİNDEKİLER:
- 1 lb. geyik eti (sığır eti veya geyik eti ile değiştirilebilir)
- 1 soğan, ince doğranmış
- 2 diş sarımsak, kıyılmış
- 2 yemek kaşığı bitkisel yağ
- 1 yemek kaşığı çok amaçlı un
- 1 yemek kaşığı domates salçası
- 1 defne yaprağı
- 1 çay kaşığı tuz
- ½ çay kaşığı karabiber
- ½ çay kaşığı kırmızı biber
- ¼ çay kaşığı öğütülmüş yenibahar
- ¼ çay kaşığı öğütülmüş hindistan cevizi
- 1 su bardağı et veya sebze suyu
- ½ bardak kırmızı şarap (isteğe bağlı)

TALİMATLAR:
a) Geyik etini küçük küpler halinde kesin ve karabiber ve tuzla tatlandırın. Bitkisel yağı uygun bir tencerede veya Hollandalı fırında orta-yüksek ateşte ısıtın. Geyik etini karıştırın ve her tarafı kızarana kadar kızartın. Eti tencereden alıp bir kenara koyun. Aynı tencerede doğranmış soğanı ve kıyılmış sarımsağı ekleyip karıştırın. Yumuşayana ve hafifçe kızarana kadar soteleyin. Unu ve domates salçasını karıştırın ve iyice birleşene kadar 1-2 dakika pişirin.

b) Sığır eti veya sebze suyunu ve kırmızı şarabı (eğer kullanılıyorsa) yavaş yavaş ilave edin, topaklanmayı önlemek için sürekli karıştırın. Defne yaprağını, kırmızı biberi, yenibaharı, küçük hindistan cevizini ve kızartılmış geyik etini tekrar tencereye ekleyin. Birleştirmek için karıştırın.

c) Bu karışımı kaynatın, ardından ısıyı en aza indirin ve geyik eti yumuşayana ve kolayca parçalanıncaya kadar yaklaşık 1-2 saat kaynamaya bırakın. Gerekirse ek karabiber ve tuzla baharatı tadın ve ayarlayın. Et pişip yumuşayınca defne yaprağını çıkarın ve atın. Konserve geyik etinin oda sıcaklığına soğumasını bekleyin.

ç) Eti ve sosu temiz, sterilize edilmiş kavanozlara aktarın ve üstte yaklaşık ½ inç boşluk bırakın. Kavanozları kapaklarla kapatın ve üreticinin et ürünlerine ilişkin talimatlarına göre basınçlı bir kapta işleyin.

d) Uzun süreli saklama için serin ve karanlık bir yerde saklamadan önce kavanozların tamamen soğumasını bekleyin. Konserve geyik eti, sandviçler, güveçler, çorbalar veya diğer tarifler için lezzetli ve kullanışlı bir protein kaynağı olarak kullanılabilir.

34.Estonya Ringa Dilimleri (Kiluviilud)

İÇİNDEKİLER:

- 6 adet ringa balığı filetosu, kılçığı alınmış ve ince dilimler halinde kesilmiş
- 1 kırmızı soğan, ince dilimlenmiş
- 1 salatalık, ince dilimlenmiş
- Taze dereotu, doğranmış
- Garnitür için limon dilimleri (isteğe bağlı)

MARİNA
- ½ su bardağı beyaz sirke
- ½ bardak su
- ¼ bardak şeker
- ½ çay kaşığı tuz
- ¼ çay kaşığı karabiber
- 4-5 bütün yenibahar meyveleri
- 4-5 bütün karanfil

TALİMATLAR:

a) Bir tencerede beyaz sirke, su, şeker, tuz, karabiber, yenibahar meyveleri ve karanfilleri karıştırın.

b) Bu karışımı kaynatın, ardından ısıyı en aza indirin ve şekeri ve tuzu çözmek için ara sıra karıştırarak yaklaşık 5 dakika pişirin. Ateşten alın ve turşunun tamamen soğumasını bekleyin.

c) Marine soğuduktan sonra ringa balığı dilimlerini, kırmızı soğan dilimlerini ve salatalık dilimlerini temiz, sterilize edilmiş bir cam kavanoza dönüşümlü olarak katlayın.

ç) Soğutulmuş turşuyu kavanozdaki ringa dilimlerinin üzerine dökün, dilimlerin tamamen turşuya batırıldığından emin olun. Kavanozdaki ringa balığı dilimlerinin üzerine doğranmış taze dereotunu ekleyin.

d) Kavanozu hava geçirmez bir kapakla kapatın ve tatların birbirine karışmasını ve ringa balığının tamamen marine edilmesini sağlamak için en az 24 saat veya tercihen 2-3 gün buzdolabında saklayın.

e) Ringa dilimlerini, isteğe göre limon dilimleriyle süsleyerek, soğutulmuş olarak servis edin. Lezzetli ve geleneksel bir Estonya mezesi veya atıştırmalık olarak tadını çıkarabilirsiniz.

35.Estonya Galeta (Leivasnäkid)

İÇİNDEKİLER:

- 2 fincan çok amaçlı un
- ½ çay kaşığı tuz
- ½ çay kaşığı şeker
- 1 çay kaşığı aktif kuru maya
- 2 yemek kaşığı bitkisel yağ
- ½ su bardağı ılık su
- Üzeri için susam veya haşhaş tohumu (isteğe bağlı)

TALİMATLAR:

a) Uygun bir karıştırma kabında un, tuz, şeker ve mayayı çırpın. Bitkisel yağı ve ılık suyu kuru malzemelere ekleyip hamur oluşana kadar karıştırın. Bu hamuru unlu bir yüzeyde pürüzsüz ve elastik hale gelinceye kadar yaklaşık 5 dakika yoğurun.

b) Bu hamuru tekrar karıştırma kabına alıp üzerini temiz bir bezle örtün ve ılık bir yerde yaklaşık 1 saat, hacmi iki katına çıkana kadar mayalanmaya bırakın.

c) Fırınınızı 350°F'de önceden ısıtın ve fırın tepsisini parşömen kağıdıyla kaplayın. Yükselen hamuru yumruklayın ve unlanmış bir yüzeye aktarın. Bu hamuru küçük parçalara bölüp her bir parçayı ince ip veya çubuk şeklinde yuvarlayın. Bu hamur iplerini hazırlanan fırın tepsisine aralarında biraz boşluk kalacak şekilde yerleştirin.

ç) İstenirse, daha fazla lezzet ve çıtırlık için galetaların üzerine susam veya haşhaş tohumu serpebilirsiniz. Ekmek çubuklarını önceden ısıtılmış fırında, altın rengi kahverengi ve gevrek oluncaya kadar yaklaşık 15-20 dakika pişirin. Ekmek çubuklarını fırından çıkarın ve servis yapmadan önce fırın tepsisinde soğumasını bekleyin.

36.Estonya Turşusu (Hapukurk)

İÇİNDEKİLER:
- 2 lbs. salatalık turşusu
- 3 diş sarımsak, soyulmuş
- 3 dal dereotu
- 1 yemek kaşığı bütün karabiber
- 1 yemek kaşığı tuz
- 1 yemek kaşığı şeker
- 4 bardak su
- 1 su bardağı sirke (beyaz veya elma sirkesi)

TALİMATLAR:
a) Salatalık turşusunu iyice yıkayın ve kir veya kalıntıları temizleyin. Salatalıkları, soyulmuş sarımsak dişleri, dereotu dalları ve karabiberlerle birlikte temiz bir cam kavanoza veya kaba koyun. Bir tencerede su, tuz, şeker ve sirkeyi karıştırın.

b) Bu karışımı kaynatın ve ardından ocaktan alın. Sıcak sirke karışımını kavanozdaki salatalıkların üzerine dikkatlice dökün ve üzerini tamamen kaplayın.

c) Kavanozun üzerine temiz bir kapak veya plastik ambalaj koyun ve oda sıcaklığına soğumaya bırakın.

ç) Turşu salamurası soğuduktan sonra kavanozu sıkıca kapatın ve servis yapmadan önce en az 24 saat buzdolabında saklayın.

d) Turşu, salamurada marine edildikçe lezzet geliştirmeye devam edecek, dolayısıyla ne kadar uzun süre beklerse o kadar lezzetli olacak.

e) Ev yapımı Estonya turşusunun tadını keskin ve çıtır bir atıştırmalık olarak veya en sevdiğiniz Estonya yemeğinin yanında garnitür olarak çıkarın.

37.Kohuke

İÇİNDEKİLER:

- 1 su bardağı quark peyniri
- 2 yemek kaşığı bal
- 1 çay kaşığı vanilya özü
- ½ bardak ezilmiş sindirim veya graham krakerleri
- ¼ bardak kıyılmış hindistan cevizi veya kıyılmış fındık (isteğe bağlı)

TALİMATLAR:

a) Uygun bir karıştırma kabında lor peynirini, balı ve vanilya özünü karıştırın. Malzemelerin dahil olması için iyice karıştırın. Ezilmiş sindirim veya graham krakerlerini kuark karışımına karıştırın. Birleştirmek için karıştırın.

b) Bu karışımı tadın ve istenirse ilave bal ile tatlılığını ayarlayın. Kıyılmış hindistan cevizi veya kıyılmış fındık kullanıyorsanız bunları quark karışımına karıştırın. Bir kaşık veya ellerinizi kullanarak kuark karışımını küçük toplar veya köfteler halinde şekillendirin. Quark atıştırmalıklarını bir tabağa veya tepsiye yerleştirin ve sertleşmesi için en az 1 saat buzdolabında saklayın.

c) Soğutulduktan sonra Estonya'nın kuark atıştırmalıkları veya kohukesed , lezzetli ve sağlıklı bir atıştırmalık olarak servis edilmeye hazırdır .

38.Jambonlu ve Peynirli Çörekler

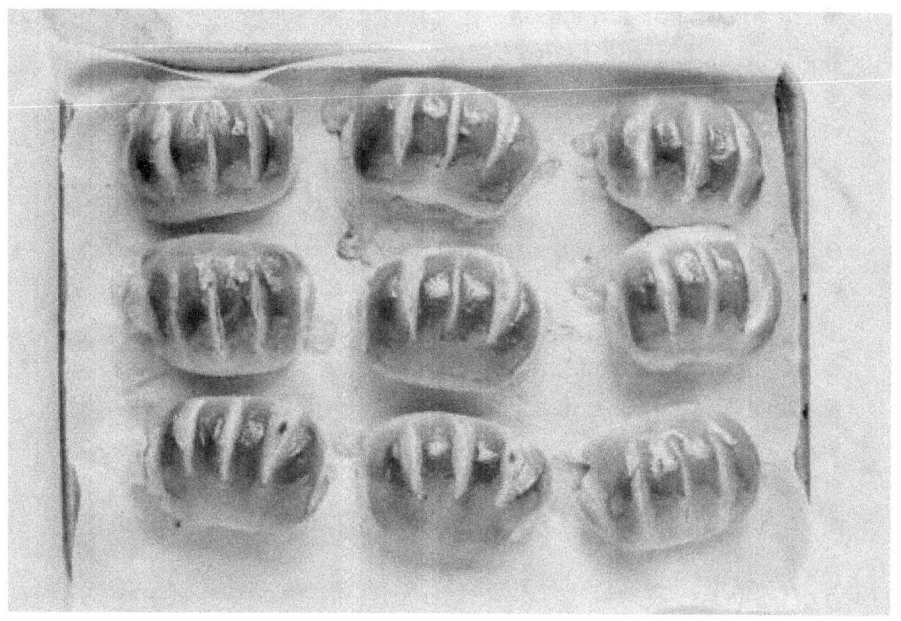

İÇİNDEKİLER:
HAMUR
- 2 fincan çok amaçlı un
- 1 çay kaşığı aktif kuru maya
- 1 çay kaşığı tuz
- 2 yemek kaşığı şeker
- ½ bardak süt
- ½ bardak su
- ¼ bardak tereyağı, eritilmiş
- 1 büyük yumurta

DOLGU
- ½ lb. jambon dilimleri
- ½ lb. peynir dilimleri (Gouda veya İsviçre gibi)
- ¼ bardak mayonez
- 1 yemek kaşığı Dijon hardalı
- 1 yemek kaşığı taze maydanoz, doğranmış (isteğe bağlı)

TALİMATLAR:
a) Uygun bir karıştırma kabında un, maya, tuz ve şekeri çırpın. Bir tencerede sütü ve suyu yaklaşık 43°C'ye (110°F) ulaşana kadar ısıtın. Sıcak süt karışımını, eritilmiş tereyağını ve yumurtayı kuru malzemelere karıştırın. Bir hamur oluşana kadar karıştırın. Bu hamuru unlanmış bir yüzeye açın ve pürüzsüz ve elastik hale gelinceye kadar 5-7 dakika yoğurun.

b) Bu hamuru tekrar karıştırma kabına koyun ve temiz bir havluyla örtün. Sıcak, hava akımı olmayan bir yerde, hacmi iki katına çıkana kadar 1 saat kadar mayalandırın. Bu arada mayonez, Dijon hardalı ve kıyılmış maydanozu (eğer kullanılıyorsa) uygun bir kapta birleştirerek iç harcını hazırlayın.

c) Fırınınızı 375°F'ta önceden ısıtın ve fırın tepsisini yağlayın. Bu hamur kabardıktan sonra, yumruklayın ve unlu bir yüzeye çevirin. Bu hamuru yaklaşık ¼ inç kalınlığında uygun bir dikdörtgen şeklinde açın.

ç) Mayonez-hardal karışımını bu hamurun üzerine eşit şekilde yayın ve kenarlarda yaklaşık ½ inç kenarlık bırakın. Jambon dilimlerini ve peynir dilimlerini dolgunun üzerine yerleştirin. Bu hamuru uzun kenarından başlayarak kütük şeklinde sıkıca sarın . Keskin bir bıçak veya diş ipi kullanarak kütüğü 1 inçlik dilimler halinde kesin.

d) Dilimleri hazırlanan fırın tepsisine yerleştirin ve üstlerini eritilmiş tereyağıyla fırçalayın.

e) Önceden ısıtılmış fırında 20-25 dakika, çörekler altın rengi kahverengi olana ve peynir eriyip kabarcıklanıncaya kadar pişirin. Fırından çıkarın ve servis yapmadan önce çöreklerin biraz soğumasını bekleyin.

39.Estonya Patates Topları (Kartulipallid)

İÇİNDEKİLER:

- 4 orta boy patates, soyulup yumuşayana kadar haşlanır
- 1 küçük soğan, ince doğranmış
- 2 yumurta
- ½ bardak çok amaçlı un
- ½ çay kaşığı tuz
- ¼ çay kaşığı karabiber
- Kızartmak için sıvı yağ

TALİMATLAR:

a) Uygun bir kapta haşlanmış patatesleri patates ezici veya çatal yardımıyla pürüzsüz hale gelinceye kadar ezin. Patates püresine doğranmış soğanı, yumurtayı, unu, karabiberi ve tuzu ekleyip karıştırın.

b) Kalın hamur benzeri bir kıvam elde etmek için iyice karıştırın. Tavanın tabanını kaplayacak veya yaklaşık ½ inç derinliğe ulaşacak kadar bir kızartma tavasında veya fritözde yeterli miktarda yemeklik yağ ısıtın.

c) Patates karışımından kaşık dolusu sıcak yağın içine küçük toplar oluşturacak şekilde bırakın . Kaşığın arkasıyla hafifçe bastırarak yuvarlak şekil verin. Patates toplarını orta ateşte, her iki tarafı da altın rengi kahverengi ve çıtır çıtır olana kadar yaklaşık 3-4 dakika kızartın.

ç) Patates toplarını yağdan çıkarın ve fazla yağı boşaltmak için kağıt havluların üzerine koyun. Kartulipallid'i garnitür, meze veya atıştırmalık olarak sıcak olarak servis edin .

d) Ekşi krema, ketçap veya dilediğiniz herhangi bir dip sos ile servis edilebilir .

40.Estonya Havuç Dilimleri

İÇİNDEKİLER:

- 2 büyük havuç, soyulmuş ve ince halkalar halinde dilimlenmiş
- ½ bardak ekşi krema
- 1 yemek kaşığı taze dereotu, doğranmış
- 1 yemek kaşığı taze maydanoz, doğranmış
- Tatmak için karabiber
- Tatmak için tuz

TALİMATLAR:

a) Bir tencereye su doldurun ve kaynatın. Kaynayan suya bir tutam tuz ekleyin. Dilimlenmiş havuçları kaynar suya atın ve yumuşayana kadar 2-3 dakika pişirin.

b) Havuçları boşaltın ve pişirme işlemini durdurmak için soğuk suyla durulayın. Tamamen soğumalarını sağlayın.

c) Uygun bir kapta ekşi krema, kıyılmış dereotu, kıyılmış maydanoz, tuz ve karabiberi karıştırın. Birleştirmek için iyice karıştırın. Soğuyan havuç dilimlerini servis tabağına dizin.

ç) Ekşi krema karışımını havuç dilimlerinin üzerine eşit şekilde kaplayacak şekilde gezdirin.

d) İstenirse ilave doğranmış dereotu ve maydanozla süsleyin.

e) Estonya havuç dilimlerini ekşi krema ile canlandırıcı ve sağlıklı bir atıştırmalık veya garnitür olarak servis edin.

41. Marine edilmiş mantarlar

İÇİNDEKİLER:

- 1 lb. taze mantar, temizlenmiş ve yarıya bölünmüş
- 1 küçük soğan, ince dilimlenmiş
- 2 diş sarımsak, kıyılmış
- ½ bardak beyaz şarap sirkesi
- ½ bardak su
- ¼ su bardağı toz şeker
- 1 çay kaşığı tuz
- 1 çay kaşığı bütün karabiber
- 1 defne yaprağı
- Süslemek için taze dereotu

TALİMATLAR:

a) Uygun bir tencerede beyaz şarap sirkesini, suyu, şekeri, tuzu, bütün tane karabiberi ve defne yaprağını karıştırın. Bu karışımı orta ateşte kaynatın, şekeri ve tuzu eritene kadar karıştırın. Kaynayan sıvıya dilimlenmiş soğanı ve kıyılmış sarımsağı karıştırın.

b) Isıyı en aza indirin ve soğan hafifçe yumuşayana kadar 5 dakika pişirin. Temizlenmiş ve ikiye veya dörde bölünmüş mantarları tencereye karıştırın. Mantarların marine ile kaplanması için hafifçe karıştırın.

c) yumuşayana, ancak ısırmaya karşı hala sert olana kadar 10-15 dakika marine içinde pişirin. Tencereyi ocaktan alın ve marine edilmiş mantarların oda sıcaklığına soğumasını bekleyin. Soğuduktan sonra marine edilmiş mantarları ve turşuyu temiz, hava geçirmez bir kaba aktarın.

ç) Tatların erimesine ve gelişmesine izin vermek için en az 24 saat boyunca örtün ve buzdolabında saklayın. Servis etmeye hazır olduğunuzda, marine edilmiş mantarları marinattan süzün ve servis tabağına aktarın.

d) Servis yapmadan önce taze dereotu ile süsleyin.

SALATALAR

42.Estonya Patates Salatası

İÇİNDEKİLER:

- 4 büyük patates, soyulmuş ve küp şeklinde doğranmış
- 3 adet haşlanmış yumurta, doğranmış
- ½ bardak turşu, ince doğranmış
- ¼ bardak kırmızı soğan, ince doğranmış
- ½ bardak mayonez
- 1 yemek kaşığı Dijon hardalı
- 1 yemek kaşığı beyaz sirke
- ½ çay kaşığı tuz
- ¼ çay kaşığı karabiber
- Garnitür için taze dereotu veya maydanoz (isteğe bağlı)

TALİMATLAR:

a) Küp şeklinde doğradığınız patatesleri tuzlu su dolu tencereye koyup kaynatın. Patatesler çatalla yumuşayana kadar yaklaşık 10-15 dakika pişirin.

b) Boşaltın ve oda sıcaklığına soğumalarını bekleyin. Uygun bir karıştırma kabında haşlanmış patatesi, doğranmış haşlanmış yumurtayı, turşuyu ve kırmızı soğanı karıştırın. Sosu hazırlamak için uygun bir kapta mayonez, Dijon hardalı, beyaz sirke, karabiber ve tuzu çırpın. Sosu patates karışımının üzerine dökün ve tüm malzemeler sosla iyice kaplanana kadar yavaşça karıştırın.

c) Baharatları gerektiği gibi karabiber ve tuzla tadın ve ayarlayın. Bu kasenin kapağını kapatın ve tatların birbirine karışması için en az 1 saat buzdolabında bekletin. Servise hazır olduğunuzda isteğe göre taze dereotu veya maydanozla süsleyebilirsiniz.

ç) Soğutulmuş olarak garnitür olarak veya toplantılar için büfenin bir parçası olarak servis yapın. Estonya'dan klasik ve lezzetli bir yemek olan ev yapımı Estonya Patates Salatasının tadını çıkarın!

43.Pancar Salatası (Punasepeedisalat)

İÇİNDEKİLER:
- 3 orta boy pancar, haşlanmış, soyulmuş ve rendelenmiş
- 1 küçük kırmızı soğan, ince doğranmış
- ½ bardak turşu, ince doğranmış
- ½ bardak konserve bezelye, süzülmüş
- 2 yemek kaşığı beyaz sirke
- 2 yemek kaşığı bitkisel yağ
- 1 çay kaşığı şeker
- ½ çay kaşığı tuz
- ¼ çay kaşığı karabiber

TALİMATLAR:
a) Uygun bir karıştırma kabında rendelenmiş haşlanmış pancarı, doğranmış kırmızı soğanı, turşuyu ve konserve bezelyeyi karıştırın. Salatayı hazırlamak için uygun bir kapta beyaz sirke, bitkisel yağ, şeker, karabiber ve tuzu çırpın.

b) Salata sosunu pancar karışımının üzerine dökün ve tüm malzemeler sosla iyice kaplanana kadar yavaşça karıştırın.

c) Tuz, şeker ve karabiber ile baharatları gerektiği gibi tadın ve ayarlayın.

ç) Bu kasenin kapağını kapatın ve tatların birbirine karışması için en az 1 saat buzdolabında bekletin. Servis yapmaya hazır olduğunuzda salatayı son kez karıştırın ve servis tabağına alın. Soğutulmuş olarak garnitür olarak veya toplantılar için büfenin bir parçası olarak servis yapın.

d) Yemeğinize lezzetli ve renkli bir katkı olan ev yapımı Estonya Pancar Salatasının tadını çıkarın!

44. Mantar Salatası (Seenesalat)

İÇİNDEKİLER:
- 1 lb. taze mantar, temizlenmiş ve dilimlenmiş veya 1 lb. marine edilmiş mantar, süzülmüş
- 1 küçük kırmızı soğan, ince doğranmış
- ½ bardak turşu, ince doğranmış
- ½ bardak konserve bezelye, süzülmüş
- 2 yemek kaşığı beyaz sirke
- 2 yemek kaşığı bitkisel yağ
- 1 çay kaşığı şeker
- ½ çay kaşığı tuz
- ¼ çay kaşığı karabiber

TALİMATLAR:
a) Taze mantar kullanıyorsanız tavayı orta ateşte ısıtın ve biraz yağ veya tereyağı ekleyin. Dilimlenmiş mantarları karıştırın ve nemlerini bırakıp altın rengine dönene kadar soteleyin. Ateşten alın ve oda sıcaklığına soğumalarını bekleyin.

b) Marine edilmiş mantar kullanıyorsanız süzün ve bu adımı atlayın. Uygun bir karıştırma kabında pişmiş mantarları veya marine edilmiş mantarları, doğranmış kırmızı soğanı, turşuyu ve konserve bezelyeyi karıştırın.

c) Salatayı hazırlamak için uygun bir kapta beyaz sirke, bitkisel yağ, şeker, karabiber ve tuzu çırpın. Salata sosunu mantar karışımının üzerine dökün ve tüm malzemeler sosla iyice kaplanana kadar yavaşça karıştırın. Tuz, şeker ve karabiber ile baharatı gerektiği gibi tadın ve ayarlayın. Bu kasenin kapağını kapatın ve tatların birbirine karışması için en az 1 saat buzdolabında bekletin.

ç) Servis yapmaya hazır olduğunuzda salatayı son kez karıştırın ve servis tabağına alın. Soğutulmuş olarak garnitür olarak veya toplantılar için büfenin bir parçası olarak servis yapın.

d) Mantarların lezzetini kutlayan lezzetli ve dünyevi bir yemek olan ev yapımı Estonya Mantar Salatasının tadını çıkarın!

45.Salatalık Salatası (Kurgisalat)

İÇİNDEKİLER:

- 2 orta boy salatalık, ince dilimlenmiş
- 1 küçük kırmızı soğan, ince dilimlenmiş
- 2 yemek kaşığı beyaz sirke
- 2 yemek kaşığı bitkisel yağ
- 1 çay kaşığı şeker
- ½ çay kaşığı tuz
- ¼ çay kaşığı karabiber
- Garnitür için taze dereotu (isteğe bağlı)

TALİMATLAR:

a) Uygun bir karıştırma kabında ince dilimlenmiş salatalık ve kırmızı soğanı karıştırın. Salatayı hazırlamak için uygun bir kapta beyaz sirke, bitkisel yağ, şeker, karabiber ve tuzu çırpın.

b) Salata sosunu salatalık ve soğan karışımının üzerine dökün ve tüm malzemeler sosla iyice kaplanana kadar yavaşça karıştırın. Tuz, şeker ve karabiber ile baharatları gerektiği gibi tadın ve ayarlayın.

c) Bu kasenin kapağını kapatın ve tatların birbirine karışması için en az 1 saat buzdolabında bekletin. Servis yapmaya hazır olduğunuzda salatayı son kez karıştırın ve servis tabağına alın.

ç) Ekstra bir lezzet patlaması için istenirse taze dereotu ile süsleyin. Serinletici bir garnitür olarak veya toplantılar için büfenin bir parçası olarak soğutulmuş olarak servis yapın.

d) Sıcak havalar için mükemmel olan, basit ve lezzetli bir salata olan veya her öğünde hafif ve canlandırıcı bir garnitür olarak ev yapımı Estonya Salatalık Salatasının tadını çıkarın!

46. Ringa Salatası (Suitsusilli Salatası)

İÇİNDEKİLER:
- 5 adet füme ringa balığı filetosu, derisi alınmış
- 2 orta boy patates, haşlanmış ve doğranmış
- 1 küçük kırmızı soğan, ince doğranmış
- 1 küçük elma, soyulmuş ve doğranmış
- ½ bardak konserve bezelye, süzülmüş
- ½ bardak mayonez
- 2 yemek kaşığı ekşi krema
- 1 yemek kaşığı Dijon hardalı
- 1 yemek kaşığı taze limon suyu
- Tatmak için karabiber
- Tatmak için tuz
- Garnitür için taze dereotu veya frenk soğanı (isteğe bağlı)

TALİMATLAR:
a) Uygun bir karıştırma kabında füme ringa balığı filetolarını küçük parçalara ayırın. Haşlanmış doğranmış patatesleri, doğranmış kırmızı soğanı, doğranmış elmayı ve konserve bezelyeyi ringa balığıyla birlikte kaseye karıştırın. Sosu hazırlamak için ayrı bir kapta mayonez, ekşi krema, Dijon hardalı ve limon suyunu çırpın.

b) Sosu ringa balığı ve sebze karışımının üzerine dökün ve tüm malzemeler sosla iyice kaplanana kadar yavaşça karıştırın. Baharatları gerektiği gibi karabiber ve tuzla tadın ve ayarlayın.

c) Bu kasenin kapağını kapatın ve tatların birbirine karışması için en az 1 saat buzdolabında bekletin. Servis yapmaya hazır olduğunuzda salatayı son kez karıştırın ve servis tabağına alın.

ç) Daha fazla tazelik ve sunum için istenirse taze dereotu veya frenk soğanı ile süsleyin. Bayram kutlamaları için lezzetli ve benzersiz bir meze veya garnitür olarak soğutulmuş olarak servis yapın.

d) Füme ringa balığının eşsiz lezzetini sergileyen, lezzetli ve doyurucu bir yemek olan ev yapımı Estonya Ringa Salatasının tadını çıkarın!

47. Havuç Salatası (Porgandisalat)

İÇİNDEKİLER:

- 4 orta boy havuç, soyulmuş ve rendelenmiş
- 1 küçük kırmızı soğan, ince doğranmış
- 1 küçük elma soyulmuş ve rendelenmiş
- ½ bardak konserve bezelye, süzülmüş
- 2 yemek kaşığı beyaz sirke
- 2 yemek kaşığı bitkisel yağ
- 1 çay kaşığı şeker
- ½ çay kaşığı tuz
- ¼ çay kaşığı karabiber
- Garnitür için taze maydanoz veya dereotu (isteğe bağlı)

TALİMATLAR:

a) Uygun bir karıştırma kabında rendelenmiş havuç, doğranmış kırmızı soğan, rendelenmiş elma ve konserve bezelyeyi karıştırın.

b) Salatayı hazırlamak için uygun bir kapta beyaz sirke, bitkisel yağ, şeker, karabiber ve tuzu çırpın. Salata sosunu havuç ve sebze karışımının üzerine dökün ve tüm malzemeler sosla iyice kaplanana kadar yavaşça karıştırın.

c) Tuz, şeker ve karabiber ile baharatları gerektiği gibi tadın ve ayarlayın.

ç) Bu kasenin kapağını kapatın ve tatların birbirine karışması için en az 1 saat buzdolabında bekletin. Servis yapmaya hazır olduğunuzda salatayı son kez karıştırın ve servis tabağına alın. Ekstra lezzet ve tazelik için istenirse taze maydanoz veya dereotu ile süsleyin.

d) Herhangi bir öğün için serinletici bir garnitür olarak soğutulmuş olarak servis yapın. Çok çeşitli ana yemekleri tamamlayan renkli ve lezzetli bir garnitür olan ev yapımı Estonya Havuç Salatasının tadını çıkarın!

48. Lahana Salatası (Kapsasalat)

İÇİNDEKİLER:
- 4 su bardağı yeşil lahana, ince kıyılmış
- 1 küçük kırmızı soğan, ince doğranmış
- 1 küçük havuç, soyulmuş ve rendelenmiş
- 1 küçük elma soyulmuş ve rendelenmiş
- 2 yemek kaşığı beyaz sirke
- 2 yemek kaşığı bitkisel yağ
- 1 çay kaşığı şeker
- ½ çay kaşığı tuz
- ¼ çay kaşığı karabiber
- Garnitür için taze maydanoz veya dereotu (isteğe bağlı)

TALİMATLAR:
a) Uygun bir karıştırma kabında kıyılmış lahanayı, doğranmış kırmızı soğanı, rendelenmiş havucu ve rendelenmiş elmayı karıştırın. Salatayı hazırlamak için uygun bir kapta beyaz sirke, bitkisel yağ, şeker, karabiber ve tuzu çırpın.
b) Salata sosunu lahana ve sebze karışımının üzerine dökün ve tüm malzemeler sosla iyice kaplanana kadar yavaşça karıştırın. Tuz, şeker ve karabiber ile baharatları gerektiği gibi tadın ve ayarlayın.
c) Bu kasenin kapağını kapatın ve tatların birbirine karışması için en az 1 saat buzdolabında bekletin. Servis yapmaya hazır olduğunuzda salatayı son kez karıştırın ve servis tabağına alın. Daha fazla tazelik ve sunum için istenirse taze maydanoz veya dereotu ile süsleyin. Herhangi bir öğün için gevrek ve canlandırıcı bir garnitür olarak soğutulmuş olarak servis yapın.
ç) Çok çeşitli ana yemekleri tamamlayan ve yemeğinize sağlıklı dozda sebze ekleyen, basit ve lezzetli bir salata olan ev yapımı Estonya Lahana Salatasının tadını çıkarın!

49. Domates ve Salatalık Salatası (Tomati-Kurgisalat)

İÇİNDEKİLER:
- 2 büyük domates, doğranmış
- 1 büyük salatalık, soyulmuş ve doğranmış
- 1 küçük kırmızı soğan, ince doğranmış
- 2 yemek kaşığı beyaz sirke
- 2 yemek kaşığı bitkisel yağ
- 1 çay kaşığı şeker
- ½ çay kaşığı tuz
- ¼ çay kaşığı karabiber
- Garnitür için taze maydanoz veya dereotu (isteğe bağlı)

TALİMATLAR:
a) Uygun bir karıştırma kabında doğranmış domatesi, doğranmış salatalığı ve doğranmış kırmızı soğanı karıştırın. Salatayı hazırlamak için uygun bir kapta beyaz sirke, bitkisel yağ, şeker, karabiber ve tuzu çırpın.

b) Salata sosunu domates ve salatalık karışımının üzerine dökün ve tüm malzemeler sosla iyice kaplanana kadar yavaşça karıştırın. Tuz, şeker ve karabiber ile baharatı gerektiği gibi tadın ve ayarlayın.

c) Bu kaseyi kapatın ve tatların birbirine karışması ve salatanın soğuması için en az 30 dakika buzdolabında saklayın. Servis yapmaya hazır olduğunuzda salatayı son kez karıştırın ve servis tabağına alın.

ç) Daha fazla tazelik ve sunum için istenirse taze maydanoz veya dereotu ile süsleyin. Herhangi bir öğün için hafif ve canlandırıcı bir garnitür olarak soğutulmuş olarak servis yapın.

d) Taze domates ve salatalık lezzetlerini basit ama lezzetli bir şekilde sergilemek için mükemmel bir salata olan ev yapımı Estonya Domates ve Salatalık Salatasının tadını çıkarın!

50.Karışık Salata (Segasalat)

İÇİNDEKİLER:

- 2 orta boy patates, soyulmuş ve çatalla yumuşayana kadar haşlanmış
- 2 orta boy pancar, soyulmuş, çatalla yumuşayana kadar kaynatılmış ve doğranmış
- 2 orta boy havuç, soyulmuş, çatalla yumuşayana kadar kaynatılmış ve doğranmış
- 1 su bardağı dondurulmuş bezelye, çözülmüş
- 1 küçük kırmızı soğan, ince doğranmış
- 2 yemek kaşığı beyaz sirke
- 2 yemek kaşığı bitkisel yağ
- 1 çay kaşığı şeker
- ½ çay kaşığı tuz
- ¼ çay kaşığı karabiber
- Garnitür için taze maydanoz veya dereotu (isteğe bağlı)

TALİMATLAR:

a) Uygun bir karıştırma kabında doğranmış haşlanmış patates, doğranmış haşlanmış pancar, doğranmış haşlanmış havuç, çözülmüş bezelye ve doğranmış kırmızı soğanı karıştırın.

b) Salatayı hazırlamak için uygun bir kapta beyaz sirke, bitkisel yağ, şeker, karabiber ve tuzu çırpın. Salata sosunu karışık sebzelerin üzerine dökün ve tüm malzemeler sosla iyice kaplanana kadar yavaşça karıştırın. Tuz, şeker ve karabiber ile baharatları gerektiği gibi tadın ve ayarlayın.

c) Bu kasenin kapağını kapatın ve tatların birbirine karışması ve salatanın soğuması için en az 1 saat buzdolabında bekletin. Servis yapmaya hazır olduğunuzda salatayı son kez karıştırın ve servis tabağına alın. Daha fazla tazelik ve sunum için istenirse taze maydanoz veya dereotu ile süsleyin.

ç) Lezzetli ve renkli bir garnitür veya hafif ve sağlıklı bir ana yemek olarak soğutulmuş olarak servis yapın.

ÇORBALAR

51. Bezelye Çorbası (Hernesupp)

İÇİNDEKİLER:

- 1 su bardağı kurutulmuş sarı bezelye
- 1 büyük soğan, doğranmış
- 2 havuç, soyulmuş ve doğranmış
- 2 patates, soyulmuş ve doğranmış
- 8 oz. füme domuz eti veya domuz pastırması, küp şeklinde
- 1 defne yaprağı
- 1 çay kaşığı kekik, kurutulmuş
- Tatmak için karabiber
- Tatmak için tuz
- Garnitür için taze dereotu (isteğe bağlı)

TALİMATLAR:

a) Kurutulmuş bezelyeleri soğuk suyla durulayın ve gece boyunca veya en az 6 saat suda bekletin.
b) Islatılan bezelyeleri süzüp uygun bir çorba tenceresine aktarın. Bezelyeleri yaklaşık 2 inç kaplayacak kadar su ekleyin.
c) Doğranmış soğanı, doğranmış havuçları, doğranmış patatesleri, füme domuz etini veya pastırmayı, defne yaprağını ve kurutulmuş kekiği tencereye ekleyin.
ç) Çorbayı orta-yüksek ateşte kaynatın, ardından ısıyı en aza indirin ve bezelye ve sebzeler yumuşayana kadar yaklaşık 1 saat pişmeye bırakın. Çorbayı karabiber ve tuzla bolca tatlandırın.
d) Defne yaprağını çıkarın ve atın. İstenirse taze dereotu ile süslenerek sıcak servis edilir. Geleneksel Estonya Bezelye Çorbasının (Hernesupp) tadını çıkarın!

52.Estonya Balkabağı Püresi Çorbası

İÇİNDEKİLER:

- 1 küçük kabak (yaklaşık 2 lbs.), soyulmuş, çekirdeği çıkarılmış ve küçük küpler halinde doğranmış
- 1 büyük soğan, doğranmış
- 2 diş sarımsak, kıyılmış
- 2 orta boy havuç, soyulmuş ve doğranmış
- 2 orta boy patates, soyulmuş ve doğranmış
- 4 su bardağı sebze suyu
- 1 bardak ağır krema
- 2 yemek kaşığı tereyağı
- 1 çay kaşığı kekik, kurutulmuş
- Tatmak için karabiber
- Tatmak için tuz
- Süslemek için taze maydanoz (isteğe bağlı)

TALİMATLAR:

a) Uygun bir tencerede orta ateşte tereyağını eritin. Doğranmış soğanı ve kıyılmış sarımsağı ekleyip yumuşayıncaya kadar 3-4 dakika soteleyin.

b) Doğranmış balkabağı, havuç, patates ve kurutulmuş kekiği tencereye ekleyip karıştırın. Birleştirmek için karıştırın. Sebze suyunu dökün ve kaynatın. Isıyı en aza indirin, tencerenin kapağını kapatın ve sebzeler yumuşayana kadar 20-25 dakika pişirin. Tencereyi ocaktan alıp çorbanın biraz soğumasını bekleyin.

c) Çorbayı pürüzsüz hale gelinceye kadar püre haline getirmek için bir daldırma blenderi veya normal bir blender kullanın. Çorbayı tekrar tencereye alın, kremayı ekleyip karıştırın. Çorbayı kısık ateşte iyice ısınıncaya kadar ısıtın, ancak kaynatmayın. Çorbayı karabiber ve tuzla bolca tatlandırın.

ç) Sıcak kabak püresi çorbasını kaselere dökün ve isteğe göre taze maydanozla süsleyin. Sıcak servis yapın ve lezzetli Estonya Balkabağı Püresi Çorbanızın tadını çıkarın!

53. Mantar Çorbası (Seenesupp)

İÇİNDEKİLER:

- 1 lb. taze mantar, dilimlenmiş
- 1 büyük soğan, doğranmış
- 2 diş sarımsak, kıyılmış
- 3 yemek kaşığı tereyağı
- 3 yemek kaşığı çok amaçlı un
- 4 su bardağı sebze veya mantar suyu
- 1 defne yaprağı
- 1 çay kaşığı kekik, kurutulmuş
- 1 bardak ağır krema
- Tatmak için karabiber
- Tatmak için tuz
- Süslemek için taze maydanoz (isteğe bağlı)

TALİMATLAR:

a) Uygun bir çorba tenceresinde orta ateşte tereyağını eritin. Doğranmış soğanı ve kıyılmış sarımsağı karıştırın ve soğan yumuşak ve yarı saydam oluncaya kadar 5-7 dakika soteleyin. Dilimlenmiş mantarları tencereye alıp karıştırın ve mantarlar suyunu salıp kahverengileşene kadar 5-7 dakika daha soteleyin. Unu mantarların üzerine gezdirin ve iyice karıştırarak birleştirin. Meyane yapmak için sürekli karıştırarak 2-3 dakika pişirin.

b) Topaklanmayı önlemek için sürekli karıştırarak sebze veya mantar suyunu yavaş yavaş dökün. Defne yaprağını ve kuru kekiği tencereye ekleyip karıştırın. Çorbayı kaynatın, ardından ısıyı en aza indirin ve mantarlar yumuşayana ve tatlar birbirine karışana kadar yaklaşık 15 dakika kaynamaya bırakın.

c) Defne yaprağını çıkarın ve atın. Ağır kremayı karıştırın ve ara sıra karıştırarak 5 dakika daha pişirin. Çorbayı karabiber ve tuzla bolca tatlandırın.

ç) Tencereyi ocaktan alıp çorbanın biraz soğumasını bekleyin.

d) İsterseniz çorbayı pürüzsüz hale gelinceye kadar püre haline getirmek için bir daldırma blenderi veya normal bir blender kullanın. Gerekirse servis yapmadan önce çorbayı kısık ateşte tekrar ısıtın.

e) İsterseniz taze maydanozla süsleyin ve lezzetli Estonya Mantar Çorbasının (Seenesupp) tadını çıkarın!

54.Estonya Bezelye Çorbası (Kaalika-Hernesupp)

İÇİNDEKİLER:
- 1 yemek kaşığı bitkisel yağ
- 1 soğan, ince doğranmış
- 2 diş sarımsak, kıyılmış
- 1 rutabaga (yaklaşık 1 lb.), soyulmuş ve doğranmış
- 1 su bardağı dondurulmuş bezelye
- 6 su bardağı sebze suyu
- 2 adet defne yaprağı
- 1 çay kaşığı kekik, kurutulmuş
- ½ çay kaşığı mercanköşk, kurutulmuş
- Tatmak için karabiber
- Tatmak için tuz
- Süslemek için taze maydanoz
- Servis için ekşi krema veya yoğurt (isteğe bağlı)

TALİMATLAR:
a) Bitkisel yağı uygun bir tencerede orta ateşte ısıtın. Doğranmış soğanı ve kıyılmış sarımsağı ekleyip yumuşayıncaya kadar 2-3 dakika soteleyin. Doğranmış şalgamı ve dondurulmuş bezelyeyi tencereye ekleyip 2-3 dakika daha pişirin. Sebze suyunu dökün ve defne yapraklarını, kurutulmuş kekiği ve kurutulmuş mercanköşkünü karıştırın.

b) Tatmak için karabiber ve tuzla tatlandırın. Çorbayı kaynatın, ardından ısıyı en aza indirin ve rutabaga yumuşayana kadar yaklaşık 30-40 dakika pişmeye bırakın. Defne yapraklarını çıkarın ve atın. Baharatı tadın ve gerektiği gibi ayarlayın. Estonya usulü Kaalika-Hernesupp'u taze maydanozla süsleyerek sıcak olarak servis edin. İsteğe bağlı olarak, daha fazla kremalılık için çorbaya bir parça ekşi krema veya yoğurt ekleyerek servis edebilirsiniz.

c) Lezzetli Estonya Rutabaga ve Bezelye Çorbasının tadını çıkarın!

55.Balık Çorbası (Kalasupp)

İÇİNDEKİLER:
- Morina veya mezgit balığı gibi 1 lb. beyaz balık filetosu, ısırık boyutunda parçalar halinde kesilmiş
- 1 büyük soğan, doğranmış
- 2 havuç, soyulmuş ve doğranmış
- 2 patates, soyulmuş ve doğranmış
- 1 pırasa, temizlenmiş ve dilimlenmiş
- 2 yemek kaşığı tereyağı
- 4 su bardağı balık veya sebze suyu
- 1 defne yaprağı
- 1 çay kaşığı kekik, kurutulmuş
- 1 bardak ağır krema
- Tatmak için karabiber
- Tatmak için tuz
- Garnitür için taze dereotu (isteğe bağlı)

TALİMATLAR:
a) Uygun bir çorba tenceresinde orta ateşte tereyağını eritin. Doğranmış soğanı, doğranmış havuçları, doğranmış patatesleri ve dilimlenmiş pırasayı ekleyip , sebzeler yumuşayana kadar 5-7 dakika soteleyin. Balık filetolarını tencereye alın ve kısmen pişene kadar 2-3 dakika daha soteleyin.

b) Balık veya sebze suyunu dökün ve defne yaprağını ve kurutulmuş kekiği tencereye ekleyerek karıştırın. Çorbayı kaynatın, ardından ısıyı en aza indirin ve balıklar ve sebzeler tamamen pişip yumuşayana kadar yaklaşık 15 dakika pişmeye bırakın.

c) Defne yaprağını çıkarın ve atın. Ağır kremayı karıştırın ve ara sıra karıştırarak 5 dakika daha pişirin. Çorbayı karabiber ve tuzla bolca tatlandırın. Tencereyi ocaktan alıp çorbanın biraz soğumasını bekleyin.

ç) İsterseniz çorbayı pürüzsüz hale gelinceye kadar püre haline getirmek için bir daldırma blenderi veya normal bir blender kullanın. Gerekirse servis yapmadan önce çorbayı kısık ateşte tekrar ısıtın.

d) İsterseniz taze dereotu ile süsleyin ve lezzetli Estonya Balık Çorbasının (Kalasupp) tadını çıkarın!

56.Pancar Çorbası (Borsisupp)

İÇİNDEKİLER:
- 2 orta boy pancar, soyulmuş ve rendelenmiş
- 1 orta boy soğan, doğranmış
- 2 havuç, soyulmuş ve rendelenmiş
- 2 patates, soyulmuş ve doğranmış
- 1 yemek kaşığı tereyağı
- 4 su bardağı et veya sebze suyu
- 2 adet defne yaprağı
- 1 çay kaşığı kekik, kurutulmuş
- 2 yemek kaşığı domates salçası
- 2 yemek kaşığı kırmızı şarap sirkesi
- 2 yemek kaşığı şeker
- Tatmak için karabiber
- Tatmak için tuz
- Servis için ekşi krema
- Garnitür için taze dereotu (isteğe bağlı)

TALİMATLAR:

a) Uygun bir çorba tenceresinde orta ateşte tereyağını eritin. Doğranmış soğanı ekleyip 3-4 dakika yumuşayana kadar soteleyin. Rendelenmiş pancar, rendelenmiş havuç ve küp küp doğranmış patatesleri tencereye alıp 3-4 dakika daha soteleyin.

b) Et suyunu veya sebze suyunu ekleyip tencereye defne yaprağını, kuru kekiği, salçayı, kırmızı şarap sirkesini ve şekeri ekleyip karıştırın. Çorbayı kaynatın, ardından ısıyı en aza indirin ve sebzeler tamamen pişip yumuşayana kadar yaklaşık 30 dakika pişmeye bırakın.

c) Defne yapraklarını çıkarın ve atın. Çorbayı karabiber ve tuzla bolca tatlandırın.

ç) Tencereyi ocaktan alıp çorbanın biraz soğumasını bekleyin.

d) İsterseniz çorbayı pürüzsüz hale gelinceye kadar püre haline getirmek için bir daldırma blenderi veya normal bir blender kullanın. Gerekirse servis yapmadan önce çorbayı kısık ateşte tekrar ısıtın.

e) Arzu ederseniz, bir parça ekşi krema ve taze dereotu ile süslenmiş pancar çorbasını sıcak olarak servis edin. Canlı renkleri ve zengin lezzetleriyle leziz Estonya Pancar Çorbasının (Borşisupp) tadını çıkarın!

57. Geleneksel Lahana Turşusu Çorbası (Hapukapsasupp)

İÇİNDEKİLER:
- 2 bardak lahana turşusu, durulanmış ve süzülmüş
- 1 büyük soğan, ince doğranmış
- 2 orta boy havuç, soyulmuş ve rendelenmiş
- 2 orta boy patates, soyulmuş ve doğranmış
- 2 yemek kaşığı bitkisel yağ
- 1 yemek kaşığı domates salçası
- 1 defne yaprağı
- 1 çay kaşığı kimyon tohumu
- 1 çay kaşığı kekik, kurutulmuş
- 4 su bardağı sebze veya et suyu
- 2 bardak su
- Tatmak için karabiber
- Tatmak için tuz
- Servis için ekşi krema
- Süslemek için taze maydanoz (isteğe bağlı)

TALİMATLAR:
a) Bitkisel yağı uygun bir çorba tenceresinde orta ateşte ısıtın. Doğranmış soğanı ekleyip 3-4 dakika yumuşayana kadar soteleyin.

b) Rendelenmiş havuç ve küp küp doğranmış patatesleri tencereye alıp 3-4 dakika daha soteleyin. Lahana turşusunu, salçayı, defne yaprağını, kimyon tohumlarını ve kurutulmuş kekiği karıştırın.

c) 2-3 dakika daha pişirin . Sebze veya et suyunu dökün ve suyu tencereye alarak karıştırın. Çorbayı kaynatın, ardından ısıyı en aza indirin ve sebzeler tamamen pişip yumuşayana kadar yaklaşık 30-40 dakika pişmeye bırakın.

ç) Defne yaprağını çıkarın ve atın. Çorbayı karabiber ve tuzla bolca tatlandırın. Tencereyi ocaktan alıp çorbanın biraz soğumasını bekleyin. Gerekirse servis yapmadan önce çorbayı kısık ateşte tekrar ısıtın.

d) Lahana turşusu çorbasını, isteğe göre bir parça ekşi krema ve taze maydanozla süsleyerek sıcak olarak servis edin. Keskin ve doyurucu lezzetleriyle lezzetli Estonya Lahana Turşusu Çorbasının (Hapukapsasupp) tadını çıkarın!

58.Arpa Çorbası (Odrasupp)

İÇİNDEKİLER:
- 1 su bardağı inci arpa
- 1 büyük soğan, ince doğranmış
- 2 orta boy havuç, soyulmuş ve doğranmış
- 2 orta boy patates, soyulmuş ve doğranmış
- 2 yemek kaşığı bitkisel yağ
- 1 defne yaprağı
- 1 çay kaşığı kekik, kurutulmuş
- 4 su bardağı sebze veya et suyu
- 4 bardak su
- Tatmak için karabiber
- Tatmak için tuz
- Süslemek için taze maydanoz (isteğe bağlı)

TALİMATLAR:
a) İnci arpayı soğuk su altında yıkayıp süzün. Bitkisel yağı uygun bir çorba tenceresinde orta ateşte ısıtın. Doğranmış soğanı ekleyip 3-4 dakika yumuşayana kadar soteleyin. Küp küp doğranmış havuç ve patatesleri tencereye alıp 3-4 dakika daha soteleyin.

b) İnci arpayı, defne yaprağını ve kurutulmuş kekiği karıştırın.

c) 2-3 dakika daha pişirin. Sebze veya et suyunu dökün ve suyu tencereye alarak karıştırın.

ç) Çorbayı kaynatın, ardından ısıyı en aza indirin ve arpa ve sebzeler tamamen pişip yumuşayana kadar yaklaşık 45-60 dakika pişmeye bırakın.

d) Defne yaprağını çıkarın ve atın. Çorbayı karabiber ve tuzla bolca tatlandırın. Tencereyi ocaktan alıp çorbanın biraz soğumasını bekleyin.

e) Gerekirse servis yapmadan önce çorbayı kısık ateşte tekrar ısıtın. Arpa çorbasını isteğe göre taze maydanozla süsleyerek sıcak olarak servis edin.

f) Doyurucu ve sağlıklı lezzetleriyle lezzetli Estonya Arpa Çorbasının (Odrasupp) tadını çıkarın!

59.Lahana çorbası

İÇİNDEKİLER:

- 1 küçük baş lahana, doğranmış
- 1 büyük soğan, ince doğranmış
- 2 havuç, soyulmuş ve rendelenmiş
- 2 patates, soyulmuş ve doğranmış
- 1 yemek kaşığı bitkisel yağ
- 4 su bardağı sebze suyu
- 1 defne yaprağı
- 1 çay kaşığı kekik, kurutulmuş
- Tatmak için karabiber
- Tatmak için tuz
- Süslemek için taze maydanoz
- Servis için ekşi krema (isteğe bağlı)

TALİMATLAR:

a) Bitkisel yağı uygun bir tencerede orta ateşte ısıtın. Doğranmış soğanı ve rendelenmiş havuçları tencereye alıp, sebzeler yumuşayana kadar 5 dakika soteleyin.

b) Rendelenmiş lahanayı tencereye alın ve ara sıra karıştırarak 5 dakika daha pişirin. Tencereye doğranmış patatesleri, sebze suyunu, defne yaprağını, kurutulmuş kekiği, tuzu ve karabiberi ekleyip karıştırın. Bu karışımı kaynatın.

c) Isıyı en aza indirin ve sebzeler yumuşayana kadar çorbayı yaklaşık 20-25 dakika pişirin. Defne yaprağını çorbadan çıkarın ve atın.

ç) Çorbayı tadın ve gerekiyorsa karabiber ve tuzla baharatını ayarlayın. Taze maydanozla süsleyerek sıcak servis yapın.

60. Estonya lahana turşusu çorbası (Hapukapsasupp)

İÇİNDEKİLER:
- 1 bardak lahana turşusu
- 1 büyük soğan, ince doğranmış
- 2 havuç, soyulmuş ve rendelenmiş
- 2 patates, soyulmuş ve doğranmış
- 1 yemek kaşığı bitkisel yağ
- 4 su bardağı sebze veya et suyu
- 1 defne yaprağı
- 1 çay kaşığı kekik, kurutulmuş
- Tatmak için karabiber
- Tatmak için tuz
- Süslemek için taze maydanoz
- Servis için ekşi krema (isteğe bağlı)

TALİMATLAR:
a) Fazla salamurayı çıkarmak ve boşaltmak için lahana turşusunu soğuk su altında durulayın. Bitkisel yağı uygun bir tencerede orta ateşte ısıtın. Doğranmış soğanı ve rendelenmiş havuçları tencereye alıp, sebzeler yumuşayana kadar 5 dakika soteleyin.

b) Lahana turşusunu, doğranmış patatesi, sebze veya et suyunu, defne yaprağını, kurutulmuş kekiği, tuzu ve karabiberi tencereye ekleyin. Bu karışımı kaynatın.

c) Isıyı en aza indirin ve sebzeler yumuşayana kadar çorbayı yaklaşık 20-25 dakika pişirin. Defne yaprağını çorbadan çıkarın ve atın.

ç) Çorbayı tadın ve gerekiyorsa karabiber ve tuzla baharatını ayarlayın. Taze maydanozla süsleyerek sıcak servis yapın.

d) İsteğe göre üzerine bir kaşık ekşi krema ekleyerek servis yapabilirsiniz. Lezzetli Estonya Lahana Turşusu Çorbasının tadını çıkarın!

ANA YEMEKLER

61. Domuz eti ve lahana turşusu yahnisi (Seakapsahautis)

İÇİNDEKİLER:

- 1 lb. domuz omuzu, küp şeklinde
- 1 soğan, ince doğranmış
- 2 diş sarımsak, kıyılmış
- 2 bardak lahana turşusu, süzülmüş
- 2 patates, soyulmuş ve küp şeklinde
- 2 havuç, soyulmuş ve doğranmış
- 2 adet defne yaprağı
- 1 çay kaşığı kimyon tohumu
- 1 çay kaşığı tuz
- ½ çay kaşığı karabiber
- 2 su bardağı et veya sebze suyu
- 1 yemek kaşığı bitkisel yağ
- 1 yemek kaşığı tereyağı
- Süslemek için taze maydanoz

TALİMATLAR:

a) Bitkisel yağı ve tereyağını uygun bir tencerede veya Hollandalı fırında orta ateşte ısıtın. Doğranmış domuz etini karıştırın ve her tarafı kızarana kadar pişirin. Domuz eti tencereden çıkarın ve bir kenara koyun. Aynı tencerede doğranmış soğanı ve kıyılmış sarımsağı ekleyip karıştırın. Soğan yumuşayana ve yarı saydam olana kadar pişirin.

b) Lahana turşusunu, patatesi, havucu, defne yaprağını, kimyonu, karabiberi ve tuzu tencereye alıp karıştırın. Birleştirmek için iyice karıştırın. Kızartılmış domuz etini, sığır eti veya sebze suyuyla birlikte tekrar tencereye koyun. Kaynatın.

c) Isıyı en aza indirin, tencerenin kapağını kapatın ve domuz eti yumuşayana ve sebzeler tamamen pişene kadar yaklaşık 1 saat pişirin. Gerekirse daha fazla karabiber ve tuzla baharatı tadın ve ayarlayın. Defne yapraklarını çıkarın ve atın. Taze maydanozla süsleyerek sıcak servis yapın. Lezzetli Estonya Domuz Eti ve Lahana Turşusu Yahnisinin tadını çıkarın! Soğuk havalarda veya doyurucu bir yemek istediğinizde mükemmel olan, rahatlatıcı ve lezzetli bir yemektir .

62. Dana Yahni (Hakklihahautis)

İÇİNDEKİLER:

- 1 lb. kıyma
- 1 soğan, ince doğranmış
- 2 diş sarımsak, kıyılmış
- 2 havuç, soyulmuş ve doğranmış
- 2 patates, soyulmuş ve küp şeklinde
- 2 adet defne yaprağı
- 1 çay kaşığı kekik, kurutulmuş
- 1 çay kaşığı kırmızı biber
- 1 çay kaşığı tuz
- ½ çay kaşığı karabiber
- 2 su bardağı et suyu
- 1 yemek kaşığı bitkisel yağ
- 1 yemek kaşığı tereyağı
- Süslemek için taze maydanoz

TALİMATLAR:

a) Bitkisel yağı ve tereyağını uygun bir tencerede veya Hollandalı fırında orta ateşte ısıtın. Kıyılmış soğanı ve kıyılmış sarımsağı ekleyip karıştırın.

b) Soğan yumuşayana ve yarı saydam olana kadar pişirin. Kıymayı tencereye alıp kaşıkla parçalayarak, rengi dönene kadar pişirin.

c) Tencereye doğranmış havuç, küp patates, defne yaprağı, kurutulmuş kekik, kırmızı biber, karabiber ve tuzu ekleyip karıştırın. Birleştirmek için iyice karıştırın.

ç) Et suyunu tencereye alıp karıştırarak kaynatın. Isıyı en aza indirin, tencerenin kapağını kapatın ve sebzeler yumuşayana kadar yaklaşık 30-40 dakika pişirin.

d) Gerekirse daha fazla karabiber ve tuzla baharatı tadın ve ayarlayın. Defne yapraklarını çıkarın ve atın. Taze maydanozla süsleyerek sıcak servis yapın.

e) Lezzetli Estonya Sığır Yahnisinin tadını çıkarın! Doyurucu bir yemek için mükemmel olan rahatlatıcı ve lezzetli bir yemektir . Tam bir yemek için ekmek veya patates püresi ile servis yapın.

63.Tavuk ve Sebze Yahnisi

İÇİNDEKİLER:

- 1 lb. kemiksiz, derisiz tavuk göğsü veya but, doğranmış
- 1 soğan, ince doğranmış
- 2 havuç, soyulmuş ve doğranmış
- 2 patates, soyulmuş ve küp şeklinde
- 1 yaban havucu, soyulmuş ve doğranmış
- 2 kereviz sapı, doğranmış
- 2 adet defne yaprağı
- 1 çay kaşığı kekik, kurutulmuş
- 1 çay kaşığı kırmızı biber
- 1 çay kaşığı tuz
- ½ çay kaşığı karabiber
- 2 su bardağı tavuk suyu
- 1 yemek kaşığı bitkisel yağ
- 1 yemek kaşığı tereyağı
- Süslemek için taze maydanoz

TALİMATLAR:

a) Bitkisel yağı ve tereyağını uygun bir tencerede veya Hollandalı fırında orta ateşte ısıtın. Doğranmış soğanı tencereye alıp yumuşayana ve yarı saydam olana kadar pişirin. Küp küp doğradığınız tavukları tencereye alıp her tarafı kızarıncaya kadar pişirin.

b) Tencereye doğranmış havuç, küp patates, doğranmış yaban havucu, doğranmış kereviz, defne yaprağı, kuru kekik, kırmızı biber, karabiber ve tuzu ekleyip karıştırın. Birleştirmek için iyice karıştırın. Tavuk suyunu tencereye alıp karıştırarak kaynatın.

c) Isıyı en aza indirin, tencerenin kapağını kapatın ve sebzeler yumuşayana ve tavuk iyice pişene kadar yaklaşık 30-40 dakika pişirin.

ç) Gerekirse daha fazla karabiber ve tuzla baharatı tadın ve ayarlayın. Defne yapraklarını çıkarın ve atın. Taze maydanozla süsleyerek sıcak servis yapın.

d) Lezzetli Estonya Tavuğu ve Sebze Yahnisinin tadını çıkarın! Doyurucu bir yemek için mükemmel olan rahatlatıcı ve besleyici bir yemektir. Tam bir yemek için ekmek veya pilavla servis yapın.

64.Fasulye Yahni (Oa- Või Hernesupp)

İÇİNDEKİLER:

- 2 su bardağı kuru fasulye (beyaz fasulye, barbunya fasulyesi veya siyah gözlü fasulye), gece boyunca ıslatılmış ve süzülmüş
- 1 soğan, ince doğranmış
- 2 havuç, soyulmuş ve doğranmış
- 2 patates, soyulmuş ve doğranmış
- 2 kereviz sapı, doğranmış
- 2 diş sarımsak, kıyılmış
- 2 adet defne yaprağı
- 1 çay kaşığı kekik, kurutulmuş
- 1 çay kaşığı tuz
- ½ çay kaşığı karabiber
- 4 su bardağı sebze suyu
- 1 su bardağı domates püresi
- Süslemek için taze maydanoz

TALİMATLAR:

a) Uygun bir tencerede veya Hollanda fırınında, bir miktar yağı veya tereyağını orta ateşte ısıtın. Tencereye doğranmış soğanı, doğranmış havuçları, kerevizi ve kıyılmış sarımsağı karıştırın.

b) Sebzeler yumuşayana kadar pişirin.

c) Islatılıp süzülmüş fasulye, küp küp doğranmış patates, defne yaprağı, kurutulmuş kekik, tuz, karabiber, sebze suyu ve domates püresini tencereye alıp karıştırın.

ç) Birleştirmek için iyice karıştırın. Bu karışımı kaynatın, ardından ısıyı en aza indirin, tencerenin kapağını kapatın ve fasulyeler iyice pişip yumuşayana kadar yaklaşık 1 ila 1,5 saat pişirin.

d) Servis yapmadan önce defne yapraklarını güveçten çıkarın. Gerekirse daha fazla karabiber ve tuzla baharatı tadın ve ayarlayın. Taze maydanozla süsleyerek sıcak servis yapın.

65.Estonya Mantarlı Pirinç Güveç (Seeneriis)

İÇİNDEKİLER:
- 1 su bardağı uzun taneli beyaz pirinç
- 2 bardak su
- ½ çay kaşığı tuz
- 4 yemek kaşığı tereyağı
- 1 orta boy soğan, ince doğranmış
- 8 ons taze mantar, dilimlenmiş
- ½ çay kaşığı kekik, kurutulmuş
- ½ çay kaşığı kurutulmuş mercanköşk
- ½ çay kaşığı tuz
- ¼ çay kaşığı karabiber
- 2 yemek kaşığı çok amaçlı un
- 2 bardak süt
- 1 su bardağı rendelenmiş peynir (Gouda, Cheddar veya İsviçre gibi)
- Kıyılmış taze maydanoz (isteğe bağlı)

TALİMATLAR:

a) Fırınınızı 350°F'de önceden ısıtın. 9x13 inçlik bir pişirme kabını yağlayın ve bir kenara koyun. Bir tencerede pirinci, suyu ve ½ çay kaşığı tuzu karıştırın.

b) Orta ateşte kaynatın, ardından ısıyı en aza indirin, tavanın kapağını kapatın ve pirinç pişip suyu çekene kadar yaklaşık 15 dakika pişirin. Uygun bir tavada orta ateşte tereyağını eritin. Doğranmış soğanı karıştırın ve yumuşayana kadar yaklaşık 5 dakika pişirin. Dilimlenmiş mantarları, kurutulmuş kekiği, kurutulmuş mercanköşkünü, ½ çay kaşığı karabiberi ve tuzu tavaya ekleyip karıştırın.

c) Mantarlar yumuşayana kadar 5 dakika daha pişirin. Unu ekleyip sürekli karıştırarak 1 dakika pişirin. Topaklanmayı önlemek için sürekli karıştırarak yavaş yavaş sütü ekleyin. Sos kalınlaşana kadar 5 dakika pişirin. Pişmiş pirinci ve rendelenmiş peynirin yarısını karıştırın. İyice karıştırın. Pirinç ve mantar karışımını hazırlanan pişirme kabına dökün. Kalan rendelenmiş peyniri üstüne gezdirin.

ç) Önceden ısıtılmış fırında 25-30 dakika, güveç köpürene ve peynir eriyip üstü altın rengi oluncaya kadar pişirin. Fırından çıkarın ve servis yapmadan önce birkaç dakika soğumasını bekleyin.

d) İstenirse kıyılmış taze maydanozla süsleyin. Sıcak servis yapın ve tadını çıkarın!

66. Estonya Lahanası ve Pirinç Güveci (Kapsa-Riisivorm)

İÇİNDEKİLER:
- 1 küçük baş lahana, doğranmış
- 1 su bardağı uzun taneli beyaz pirinç
- 2 bardak su
- ½ çay kaşığı tuz
- 4 yemek kaşığı tereyağı
- 1 orta boy soğan, ince doğranmış
- 2 diş sarımsak, kıyılmış
- 1 çay kaşığı kimyon tohumu
- ½ çay kaşığı karabiber
- ½ çay kaşığı kırmızı biber
- ¼ çay kaşığı hindistan cevizi
- ½ çay kaşığı tuz
- 2 yemek kaşığı çok amaçlı un
- 2 bardak süt
- 1 su bardağı rendelenmiş peynir (Gouda, Cheddar veya İsviçre gibi)
- Kıyılmış taze maydanoz (isteğe bağlı)

TALİMATLAR:
a) Fırınınızı 350°F'de önceden ısıtın. 9x13 inçlik bir pişirme kabını yağlayın ve bir kenara koyun. Uygun bir tencerede kaynayan su içerisinde kıyılmış lahanayı 5 dakika kadar haşlayın. Drenaj yapın ve bir kenara koyun.

b) Bir tencerede pirinci, suyu ve ½ çay kaşığı tuzu karıştırın.

c) Orta ateşte kaynatın, ardından ısıyı en aza indirin, tavanın kapağını kapatın ve pirinç pişip suyu çekene kadar yaklaşık 15 dakika pişirin. Uygun bir tavada orta ateşte tereyağını eritin.

ç) Doğranmış soğanı karıştırın ve yumuşayana kadar yaklaşık 5 dakika pişirin.

d) Kıyılmış sarımsağı, kimyon tohumlarını, karabiberi, kırmızı biberi, hindistan cevizini ve ½ çay kaşığı tuzu tavaya karıştırın. 2-3 dakika daha pişirin. Unu ekleyip sürekli karıştırarak 1 dakika pişirin.

e) Topaklanmayı önlemek için sürekli karıştırarak yavaş yavaş sütü ekleyin. Sos kalınlaşana kadar 5 dakika pişirin. Beyazlatılmış lahanayı ve pişmiş pirinci karıştırın. İyice karıştırın. Lahana ve pirinç karışımını hazırlanan pişirme kabına dökün. Üzerine rendelenmiş peyniri gezdirin.

f) Önceden ısıtılmış fırında 25-30 dakika, güveç köpürene ve peynir eriyip üstü altın rengi oluncaya kadar pişirin. Fırından çıkarın ve servis yapmadan önce birkaç dakika soğumasını bekleyin.

g) İstenirse kıyılmış taze maydanozla süsleyin. Sıcak servis yapın ve tadını çıkarın!

67. Estonya Pirinç ve Sebze Tavada Kızartma (Riis Ja Köögiviljad Wokis)

İÇİNDEKİLER:
- 2 su bardağı pişmiş beyaz pirinç
- 1 su bardağı karışık sebze (havuç, dolmalık biber, bezelye, mısır vb.), doğranmış
- 1 küçük soğan, ince doğranmış
- 2 diş sarımsak, kıyılmış
- 2 yemek kaşığı bitkisel yağ
- 2 yemek kaşığı soya sosu
- 1 yemek kaşığı istiridye sosu (isteğe bağlı)
- ½ çay kaşığı tuz
- ¼ çay kaşığı karabiber
- Taze kişniş veya maydanoz, doğranmış (isteğe bağlı)

TALİMATLAR:
a) Bitkisel yağı bir wok veya büyük tavada yüksek ateşte ısıtın. Doğranmış soğanı ve kıyılmış sarımsağı wok tavaya ekleyip kokusu çıkana kadar 1-2 dakika kavurun. Karışık sebzeleri wok tavaya ekleyin ve hafifçe yumuşayana kadar 2-3 dakika daha karıştırarak kızartın. Pişmiş pirinci wok tavaya ekleyin ve yapışmasını önlemek için sürekli karıştırarak 2-3 dakika daha kızartın.
b) eşit şekilde kaplanana kadar bir dakika daha karıştırarak kızartın. Tatmak için karabiber ve tuzla tatlandırın.
c) Baharatını tercihinize göre ayarlayın. Ateşten alıp servis tabağına aktarın. İstenirse taze kişniş veya maydanozla süsleyin.
ç) Sıcak servis yapın ve Estonya Pilavının ve Sebze Tavada Kızartmanın tadını çıkarın!

68. Estonya Fırında Patates (Ahjukartulid)

İÇİNDEKİLER:

- 5 büyük patates, soyulmuş ve küçük küpler halinde kesilmiş
- 1 büyük soğan, ince doğranmış
- 2 diş sarımsak, kıyılmış
- 3 yemek kaşığı bitkisel yağ
- 1 çay kaşığı kekik, kurutulmuş
- 1 çay kaşığı kırmızı biber
- Tatmak için karabiber
- Tatmak için tuz
- Süslemek için taze maydanoz (isteğe bağlı)

TALİMATLAR:

a) Fırınınızı 400°F'de önceden ısıtın. Uygun bir kapta patates küplerini doğranmış soğan, kıyılmış sarımsak, bitkisel yağ, kurutulmuş kekik, kırmızı biber, tuz ve karabiberle karıştırın.

b) Patateslerin baharat karışımıyla eşit şekilde kaplandığından emin olun. Baharatlı patatesleri parşömen kağıdıyla kaplı bir fırın tepsisine veya tabakaya aktarın ve eşit bir tabaka halinde yayın.

c) Patatesleri önceden ısıtılmış fırında 25-30 dakika, dışı altın rengi kahverengi ve çıtır, içi yumuşak oluncaya kadar pişirin. Eşit pişmeyi sağlamak için pişirme sırasında patatesleri ara sıra karıştırın. Patatesleri fırından çıkarın ve biraz soğumasını bekleyin.

ç) İsterseniz taze maydanozla süsleyin ve lezzetli bir garnitür veya atıştırmalık olarak sıcak olarak servis yapın.

d) Lezzetli Estonya Fırında Patateslerinizin tadını çıkarın!

69.Sebzeli Kıyma Sosu

İÇİNDEKİLER:
- 1 yemek kaşığı bitkisel yağ
- 1 soğan, ince doğranmış
- 2 diş sarımsak, kıyılmış
- 1 havuç, soyulmuş ve rendelenmiş
- 1 küçük kabak, rendelenmiş
- 1 su bardağı dokulu bitkisel protein (TVP) veya sebzeli kıyma
- 2 su bardağı sebze suyu
- 1 yemek kaşığı domates salçası
- 1 çay kaşığı kırmızı biber
- ½ çay kaşığı kekik, kurutulmuş
- ½ çay kaşığı kekik, kurutulmuş
- 1 defne yaprağı
- ½ su bardağı domates püresi
- 1 yemek kaşığı soya sosu
- Tatmak için karabiber
- Tatmak için tuz
- Süslemek için taze maydanoz

TALİMATLAR:
a) Bitkisel yağı uygun bir tavada veya tencerede orta ateşte ısıtın. Doğranmış soğanı ve kıyılmış sarımsağı ekleyip yumuşayıncaya kadar 2-3 dakika soteleyin. Rendelenmiş havuç ve kabakları ekleyip karıştırın ve yumuşamaya başlayıncaya kadar 2-3 dakika daha pişirin.

b) Dokulu bitkisel proteini (TVP) veya sebzeli kıymayı tavaya karıştırın ve hafifçe kızarana kadar 2-3 dakika pişirin.

c) Sebze suyunu, salçayı, kırmızı biberi, kurutulmuş kekiği, kurutulmuş kekiği, defne yaprağını, domates püresini ve soya sosunu karıştırın. Tatmak için karabiber ve tuzla tatlandırın.

ç) Bu karışımı kaynatın, ardından ısıyı en aza indirin ve ara sıra karıştırarak 15-20 dakika kaynamaya bırakın. Defne yaprağını çıkarın ve atın. Baharatı tadın ve gerektiği gibi ayarlayın.

d) Estonya Sebzeli Kıyma Sosunu patates püresi, pilav veya makarnanın üzerine sıcak olarak servis edin. Servis yapmadan önce taze maydanozla süsleyin. Lezzetli Sebzeli Kıyma Sosunun tadını çıkarın!

70.Korvitsakotletid

İÇİNDEKİLER:
- 2 su bardağı kabak, rendelenmiş
- 1 küçük soğan, ince doğranmış
- 2 diş sarımsak, kıyılmış
- ½ bardak çok amaçlı un
- 2 yumurta
- 1 çay kaşığı kabartma tozu
- 1 çay kaşığı tuz
- ½ çay kaşığı karabiber
- ½ çay kaşığı kekik, kurutulmuş
- ¼ çay kaşığı öğütülmüş hindistan cevizi
- ¼ çay kaşığı kırmızı biber
- Kızartmalık yağ

TALİMATLAR:
a) Rendelenmiş balkabağını temiz bir mutfak havlusu veya tülbentin içine koyun ve fazla nemini sıkın. Uygun bir karıştırma kabında rendelenmiş kabak, doğranmış soğan, kıyılmış sarımsak, un, yumurta, kabartma tozu, tuz, karabiber, kekik, muskat ve kırmızı biberi karıştırın. Kalın bir hamur oluşturmak için iyice karıştırın.
b) Yaklaşık ¼ inç yağı bir tavada orta ateşte ısıtın. Kızgın yağa kabaklı hamurdan birer kaşık dökün ve kaşığın arkasıyla hafifçe bastırarak köfteler yapın. Köfteleri her iki tarafı da altın kahverengi ve gevrek oluncaya kadar 3-4 dakika kızartın.
c) Köfteleri tavadan çıkarın ve fazla yağını boşaltmak için kağıt havluyla kaplı bir tabağa koyun. Gerektiğinde tavaya daha fazla yağ ekleyerek işlemi kalan hamurla tekrarlayın.
ç) Estonya Kõrvitsakotletid'ini garnitür veya atıştırmalık olarak sıcak olarak servis edin. Lezzetli Estonya Balkabağı Köftesi'nin tadını çıkarın!

71.Pajaroog

İÇİNDEKİLER:

- 1 lb. sığır eti, küp şeklinde
- 1 büyük soğan, ince doğranmış
- 2 havuç, soyulmuş ve doğranmış
- 2 patates, soyulmuş ve doğranmış
- 1 su bardağı et suyu
- 1 bardak ağır krema
- 2 yemek kaşığı un
- 2 yemek kaşığı tereyağı
- 2 yemek kaşığı bitkisel yağ
- Tatmak için karabiber
- Tatmak için tuz
- Süslemek için taze maydanoz

TALİMATLAR:

a) Fırınınızı 350°F'de önceden ısıtın. Fırına dayanıklı uygun bir tencerede veya güveç kabında bitkisel yağı ve tereyağını orta-yüksek ateşte ısıtın. Sığır küplerini karıştırın ve her tarafı kızarana kadar kızartın. Sığır eti tencereden çıkarın ve bir kenara koyun. Aynı tencerede doğranmış soğanı ve havuçları karıştırın.

b) Sebzeler yumuşayana kadar yaklaşık 5 dakika pişirin. Unu ekleyip 2-3 dakika daha, un hafifçe kızarıncaya kadar pişirin. Topaklanmayı önlemek için sürekli karıştırarak yavaş yavaş et suyu ve ağır kremayı ekleyin.

c) Küp şeklinde doğranmış patatesleri ve kızartılmış dana etini tekrar tencereye alın. Tatmak için karabiber ve tuzla tatlandırın. Bu karışımı kaynatın, ardından tencerenin kapağını kapatın ve önceden ısıtılmış fırına aktarın.

ç) Sığır eti yumuşayana ve sebzeler tamamen pişene kadar yaklaşık 1,5 ila 2 saat pişirin.

d) Fırından çıkarın ve servis yapmadan önce güveci birkaç dakika dinlendirin. Arzu ederseniz taze maydanozla süsleyip sıcak olarak servis yapın.

72.Estonya Sığır Köftesi (Lihapallid)

İÇİNDEKİLER:

- 1 lb. kıyma
- 1 küçük soğan, ince doğranmış
- 1 diş sarımsak, kıyılmış
- 1 yumurta
- ½ bardak ekmek kırıntısı
- ¼ bardak süt
- 1 yemek kaşığı taze maydanoz, ince doğranmış
- 1 çay kaşığı tuz
- ½ çay kaşığı karabiber
- ½ çay kaşığı kırmızı biber
- ¼ çay kaşığı öğütülmüş yenibahar
- ¼ çay kaşığı öğütülmüş hindistan cevizi
- Kızartmak için 2 yemek kaşığı bitkisel yağ

TALİMATLAR:

a) Uygun bir karıştırma kabında kıyma, doğranmış soğan, kıyılmış sarımsak, yumurta, galeta unu, süt, maydanoz, tuz, karabiber, kırmızı biber, yenibahar ve hindistan cevizini karıştırın. Tüm malzemeler iyice birleşene kadar iyice karıştırın.

b) Bu karışımı elinizle küçük köfteler haline getirin. Uygun bir tavada bitkisel yağı orta ateşte ısıtın.

c) Köfteleri tavaya alın ve ara sıra çevirerek her tarafı kızarana ve iyice pişene kadar yaklaşık 5-7 dakika pişirin.

ç) Köfteler piştikten sonra tavadan çıkarın ve fazla yağını alması için kağıt havlu serili bir tabağa koyun.

d) Estonya dana köftelerini patates püresi, pilav veya sebze gibi en sevdiğiniz garnitürle birlikte sıcak olarak servis edin.

73.Estonya Dana Ruloları (Räimerullid)

İÇİNDEKİLER:
- 4 ince sığır eti dilimi (göğüs biftek veya sığır filetosu), yaklaşık 8 oz. her biri
- 4 dilim pastırma
- 1 küçük soğan, ince doğranmış
- 1 diş sarımsak, kıyılmış
- 2 yemek kaşığı bitkisel yağ
- 2 yemek kaşığı Dijon hardalı
- 4 küçük turşu (kornişon), uzunlamasına ikiye bölünmüş
- Tatmak için karabiber
- Tatmak için tuz

TALİMATLAR:
a) Sığır dilimlerini düz bir yüzeye yayın ve karabiber ve tuzla tatlandırın. Uygun bir tavada bitkisel yağı orta ateşte ısıtın. Doğranmış soğanı ve kıyılmış sarımsağı karıştırın ve yumuşayana kadar yaklaşık 3-4 dakika soteleyin.

b) Her bir dana diliminin üzerine bir dilim pastırma, uygun bir kaşık dolusu sotelenmiş soğan ve sarımsak karışımı ve yarım turşu koyun. Sığır dilimlerini sıkıca yuvarlayın, ilerledikçe yanları sıkıştırın ve ruloları bir arada tutmak için kürdanla sabitleyin. Uygun bir tavayı orta-yüksek ateşte ısıtın. Gerekirse biraz bitkisel yağ ekleyin.

c) Sığır rulolarını dikkatlice sıcak tavaya yerleştirin ve her tarafı yaklaşık 2-3 dakika kızarıncaya kadar her tarafını kızartın. Isıyı en aza indirin ve ruloları 10-15 dakika daha, ara sıra çevirerek, istediğiniz pişme seviyesine gelinceye kadar pişirmeye devam edin.

ç) Dana rulolarını tavadan çıkarın ve kürdanları çıkarıp çapraz olarak yuvarlak dilimlemeden önce birkaç dakika dinlendirin.

d) Estonya sığır eti rulolarını, kavrulmuş patates, buharda pişirilmiş sebzeler veya patates püresi gibi en sevdiğiniz garnitürle birlikte sıcak olarak servis edin.

74.Estonya Sığır Köftesi (Hakklihakotletid)

İÇİNDEKİLER:
- 1 lb. kıyma
- 1 küçük soğan, ince doğranmış
- 2 diş sarımsak, kıyılmış
- 1 yumurta
- ½ su bardağı ekmek kırıntısı
- ½ çay kaşığı tuz
- ¼ çay kaşığı karabiber
- ¼ çay kaşığı kırmızı biber
- Kızartmak için 2 yemek kaşığı bitkisel yağ

TALİMATLAR:

a) Uygun bir karıştırma kabında kıyma, doğranmış soğan, kıyılmış sarımsak, yumurta, galeta unu, tuz, karabiber ve kırmızı biberi karıştırın.

b) Tüm malzemeler eşit şekilde birleşene kadar iyice karıştırın. Sığır eti karışımını yaklaşık 2-3 inç çapında ve ½ inç kalınlığında köfteler halinde şekillendirin.

c) Bitkisel yağı bir tavada orta ateşte ısıtın. Sığır köftelerini sıcak tavaya karıştırın ve her tarafı 3-4 dakika, tamamen pişene ve dışları altın rengi bir kabuk oluşana kadar pişirin.

ç) Fazla yağın akması için pişmiş köfteleri kağıt havluyla kaplı bir tabağa aktarın.

d) Estonya bifteği köftelerini, patates püresi, buharda pişmiş sebzeler veya taze salata gibi en sevdiğiniz garnitürle birlikte sıcak olarak servis edin.

75. Estonya Haddelenmiş Ringa Balığı (Räimerullid)

İÇİNDEKİLER:
- 8 adet salamura ringa balığı filetosu
- 8 adet küçük haşlanmış patates
- 1 küçük kırmızı soğan, ince doğranmış
- 1 yemek kaşığı taze dereotu, doğranmış
- 1 yemek kaşığı ekşi krema veya mayonez
- Tatmak için karabiber
- Tatmak için tuz

TALİMATLAR:

a) Fazla tuzlu suyu gidermek için salamura ringa balığı filetolarını soğuk su altında durulayın. Kağıt havluyla hafifçe vurarak kurulayın. Uygun bir kapta doğranmış kırmızı soğan, taze dereotu, ekşi krema veya mayonez, karabiber ve tuzu karıştırın.

b) Ringa balığı filetolarını derili tarafı aşağı bakacak şekilde temiz bir yüzeye yerleştirin.

c) Her bir ringa balığı filetosunun üzerine uygun miktarda haşlanmış patates koyun ve patatesin üzerine uygun miktarda soğan ve dereotu karışımını yayın. Ringa balığı filetolarını patatesle yuvarlayın ve içini doldurun, gerekirse kürdanla sabitleyin.

ç) Ringa rulolarını servis tabağına yerleştirin ve lezzetlerin birbirine karışması için servis yapmadan önce en az 1 saat buzdolabında bekletin.

d) İstenlrse ilave taze dereotu ile süslenmiş Estonya ringa balığı rulolarını meze olarak servis edin.

76.Dana ve Patates Güveç

İÇİNDEKİLER:
- 1 lb. sığır eti güveç eti, küp şeklinde
- 4 orta boy patates, soyulmuş ve ince dilimlenmiş
- 1 büyük soğan, ince doğranmış
- 2 diş sarımsak, kıyılmış
- 2 yemek kaşığı bitkisel yağ
- 2 yemek kaşığı çok amaçlı un
- 2 su bardağı et suyu
- 1 su bardağı ekşi krema
- 1 çay kaşığı kırmızı biber
- ½ çay kaşığı tuz
- ¼ çay kaşığı karabiber
- Süslemek için kıyılmış taze maydanoz

TALİMATLAR:

a) Fırınınızı 350°F'de önceden ısıtın. Fırına dayanıklı uygun bir güveç kabında veya Hollandalı fırında, bitkisel yağı orta ateşte ısıtın. Doğranmış soğanı ve kıyılmış sarımsağı karıştırın ve yumuşayana kadar yaklaşık 3-4 dakika soteleyin. Kuşbaşı dana güveç etini güveç kabına ekleyin ve her tarafı kızarana kadar yaklaşık 5-7 dakika pişirin.

b) Sığır eti güveç kabından çıkarın ve bir kenara koyun. Aynı güveç kabına unu ekleyin ve sürekli karıştırarak 1-2 dakika, hafif altın rengi olana kadar pişirin.

c) Yavaş yavaş et suyunu ekleyin ve güveç kabının dibindeki kahverengileşmiş parçaları kazıyın.

ç) Kaynatın ve sos hafifçe kalınlaşana kadar 2-3 dakika pişirin.

d) Ekşi krema, kırmızı biber, karabiber ve tuzu iyice birleşene kadar karıştırın. Dilimlenmiş patatesleri ve kızartılmış sığır etini tekrar güveç kabına ekleyin ve sosla kaplayacak şekilde karıştırın. Güveç kabını bir kapak veya alüminyum folyo ile örtün ve önceden ısıtılmış fırına aktarın.

e) Patatesler yumuşayana ve sığır eti iyice pişene kadar 45-50 dakika pişirin.

f) Güveci fırından çıkarın ve servis yapmadan önce birkaç dakika dinlendirin. Servis yapmadan önce kıyılmış taze maydanozla süsleyin.

77.Marmorliha

İÇİNDEKİLER:
- 1 lb. dana biftek, ince dilimlenmiş
- 1 büyük soğan, ince doğranmış
- 2 diş sarımsak, kıyılmış
- 2 yemek kaşığı tereyağı
- 2 yemek kaşığı çok amaçlı un
- 2 su bardağı et suyu
- 1 bardak ağır krema
- 1 yemek kaşığı Worcestershire sosu
- 1 yemek kaşığı Dijon hardalı
- Tatmak için karabiber
- Tatmak için tuz
- Süslemek için taze maydanoz

TALİMATLAR:
a) Uygun bir tavayı orta-yüksek ateşte ısıtın ve tereyağını eritin. Dilimlenmiş eti tavaya alıp her iki tarafı da kızarıncaya kadar, yaklaşık 2-3 dakika pişirin.
b) Sığır eti tavadan çıkarın ve bir kenara koyun. Aynı tavaya doğranmış soğanı ve kıyılmış sarımsağı ekleyip yumuşayana kadar yaklaşık 3-4 dakika soteleyin.
c) Unu ekleyin ve sürekli karıştırarak 1-2 dakika, hafif altın rengi olana kadar pişirin.
ç) Yavaş yavaş et suyunu ekleyin ve tavanın dibindeki kahverengileşmiş parçaları kazıyın.
d) Kaynatın ve sos hafifçe kalınlaşana kadar 2-3 dakika pişirin. Ağır kremayı, Worcestershire sosunu ve Dijon hardalını iyice birleşene kadar karıştırın.
e) Tatmak için karabiber ve tuzla tatlandırın. Pişmiş sığır eti dilimlerini tekrar tavaya alın ve sığır eti tamamen pişene ve sos istediğiniz kıvamda koyulaşana kadar 5-7 dakika daha pişirin.
f) Tavayı ocaktan alın ve servis yapmadan önce birkaç dakika dinlendirin.
g) Servis yapmadan önce kıyılmış taze maydanozla süsleyin.

78.Tavuk ve Makarna Güveç

İÇİNDEKİLER:
- 1 lb. kemiksiz, derisiz tavuk göğsü veya but, doğranmış
- 9 oz. makarna (makarna, düdük veya penne)
- 1 orta boy soğan, ince doğranmış
- 2 diş sarımsak, kıyılmış
- 2 yemek kaşığı tereyağı
- 2 yemek kaşığı çok amaçlı un
- 2 su bardağı tavuk suyu
- 1 bardak ağır krema
- 1 su bardağı peynir (kaşar veya mozzarella), rendelenmiş
- ½ çay kaşığı kekik, kurutulmuş
- Tatmak için karabiber
- Tatmak için tuz
- Süslemek için taze maydanoz

TALİMATLAR:
a) Fırınınızı 350°F'de önceden ısıtın ve 9 x 13 inçlik bir pişirme kabını yağlayın. Makarnayı paket talimatlarına göre al dente'ye kadar pişirin. Drenaj yapın ve bir kenara koyun. Uygun bir tavada orta ateşte tereyağını eritin. Doğranmış soğanı ve kıyılmış sarımsağı karıştırın ve yumuşayana kadar yaklaşık 3-4 dakika soteleyin.

b) Küp küp doğradığınız tavuğu tavaya ekleyin ve pembeliği kaybolana kadar yaklaşık 5-6 dakika pişirin. Unu karıştırın ve hafif altın rengi kahverengi olana kadar 1-2 dakika daha pişirin.

c) Topaklanmayı önlemek için sürekli karıştırarak yavaş yavaş tavuk suyunu ve kremayı ekleyin. Bu karışımı sık sık karıştırarak koyulaşana kadar yaklaşık 5 dakika pişirin. Rendelenmiş peyniri, kurutulmuş kekiği, tuzu ve karabiberi ekleyip karıştırın.

ç) Peynir eriyene ve sos pürüzsüz hale gelinceye kadar karıştırmaya devam edin. Tavayı ocaktan alın ve pişmiş makarnayı sosla eşit şekilde kaplanana kadar karıştırın. Bu karışımı yağlanmış fırın tepsisine aktarın ve eşit bir tabaka halinde yayın.

d) Önceden ısıtılmış fırında 20-25 dakika, üstü altın rengi ve kabarcıklı olana kadar pişirin. Fırından çıkarın ve servis yapmadan önce birkaç dakika soğumasını bekleyin.

e) Servis etmeden önce isteğe göre taze maydanozla süsleyebilirsiniz. Lezzetli Estonya Tavuğu ve Makarna Güvecinin tadını çıkarın!

79.Estonya Tavuk Dürümleri (Kanawrapid)

İÇİNDEKİLER:
- 1 lb. kemiksiz, derisiz tavuk göğsü, ince dilimlenmiş
- 1 büyük soğan, ince dilimlenmiş
- 1 büyük dolmalık biber, ince dilimlenmiş
- 2 diş sarımsak, kıyılmış
- 2 yemek kaşığı bitkisel yağ
- 1 yemek kaşığı soya sosu
- 1 yemek kaşığı Worcestershire sosu
- 1 çay kaşığı kırmızı biber
- Tatmak için karabiber
- Tatmak için tuz
- Tortilla sarmaları veya ince gözlemeler
- Sarma için marul yaprakları (isteğe bağlı)

TALİMATLAR:
a) Uygun bir tavada bitkisel yağı orta-yüksek ateşte ısıtın. İnce dilimlenmiş tavuk göğüslerini karıştırın ve pembeleşmeyip tamamen pişene kadar yaklaşık 5-6 dakika pişirin. Tavadan çıkarın ve bir kenara koyun.

b) Gerekirse aynı tavaya biraz daha yağ ekleyin ve ardından dilimlenmiş soğanı, dolmalık biberi ve kıyılmış sarımsağı ekleyip karıştırın. Sebzeler yumuşayana kadar yaklaşık 3-4 dakika soteleyin. Pişen tavukları sotelenmiş sebzelerle birlikte tekrar tavaya alın. Soya sosunu, Worcestershire sosunu, kırmızı biberi, tuzu ve karabiberi karıştırın.

c) Aromaların birbirine geçmesi için ara sıra karıştırarak 2-3 dakika daha pişirin. Ateşten alın ve tavuk ve sebze karışımının hafifçe soğumasını bekleyin. Tortilla sarmalarını veya ince bazlamaları paket talimatlarına göre ısıtın.

ç) Her tortilla sarmasının veya gözlemenin üzerine tavuk ve sebze karışımından bir kaşık koyun. İstenirse, ekstra çıtırlık ve tazelik için tavuk ve sebze karışımının üzerine marul yaprakları ekleyin.

d) Tortillayı veya gözlemeyi, ilerledikçe yanlara doğru kıvırarak sarın.

e) Hemen servis yapın ve lezzetli Estonya Tavuk Sarmalarınızın tadını çıkarın!

80.Izgara Domuz Pirzolası (Grillitud Seakarbonaad)

İÇİNDEKİLER:

- 5 domuz pirzolası
- ¼ bardak bitkisel yağ
- ¼ bardak beyaz şarap sirkesi
- 1 çay kaşığı tuz
- ½ çay kaşığı karabiber

TALİMATLAR:

a) Marine işlemini hazırlamak için uygun bir kapta bitkisel yağ, beyaz şarap sirkesi, karabiber ve tuzu çırpın. Domuz pirzolalarını sığ bir tabağa koyun ve her pirzolanın iyice kaplandığından emin olarak üzerine turşuyu dökün.

b) Tabağı plastik ambalajla örtün ve en iyi sonuçları elde etmek için domuz pirzolalarının buzdolabında en az 30 dakika veya gece boyunca marine edilmesine izin verin. Barbekünüzü veya ızgaranızı orta-yüksek ateşte önceden ısıtın. Domuz pirzolalarını turşudan çıkarın ve fazla turşuyu silkeleyin.

c) Domuz pirzolalarını önceden ısıtılmış ızgaraya yerleştirin ve her tarafı yaklaşık 5-6 dakika, iyice pişene ve ızgara izleri oluşana kadar ızgara yapın. Domuz pirzolalarını ızgaradan çıkarın ve servis yapmadan önce birkaç dakika dinlendirin.

ç) En sevdiğiniz garnitürler veya çeşnilerle sıcak servis yapın ve Estonya Izgara Domuz Pirzolanızın tadını çıkarın!

81. Dana ve Sebze Şişleri (Veiseliha- ja Köögiviljavardad)

İÇİNDEKİLER:

- 2 lb. sığır filetosu veya bonfile, parçalar halinde kesilmiş
- 1 dolmalık biber, parçalar halinde kesilmiş
- 1 kırmızı soğan, parçalar halinde kesilmiş
- 6 kiraz domates
- 2 yemek kaşığı zeytinyağı
- 1 yemek kaşığı kırmızı şarap sirkesi
- 1 çay kaşığı taze biberiye, doğranmış
- Tatmak için karabiber
- Tatmak için tuz

TALİMATLAR:

a) Sığır eti, dolmalık biber, kırmızı soğan ve kiraz domatesleri parçaları dönüşümlü olarak şişlerin üzerine geçirin.

b) Uygun bir kapta zeytinyağı, kırmızı şarap sirkesi, biberiye, tuz ve karabiberi çırparak marine yapın. Marine edilmiş sosu şişlerin üzerine sürün.

c) Şişleri mangalda veya ızgarada yaklaşık 8-10 dakika, ara sıra çevirerek, sığır eti istediğiniz pişme seviyesine gelinceye kadar kızartın.

ç) Sıcak servis yapın ve tadını çıkarın!

82. Sebze ve Hellim Şişleri

İÇİNDEKİLER:

- 1 lb. çeşitli sebzeler (biber, kabak, mantar, kiraz domates)
- ½ lb. hellim peyniri, parçalar halinde kesilmiş
- 2 yemek kaşığı zeytinyağı
- 1 yemek kaşığı limon suyu
- Taze kekik, doğranmış
- Tatmak için karabiber
- Tatmak için tuz

TALİMATLAR:

a) Sebzeleri ve hellim peynirini şişlerin üzerine dönüşümlü olarak geçirin. Uygun bir kapta zeytinyağı, limon suyu, kekik, tuz ve karabiberi çırparak marine yapın. Marine edilmiş sosu şişlerin üzerine sürün.

b) Şişleri mangalda veya ızgarada yaklaşık 6-8 dakika, ara sıra çevirerek, sebzeler yumuşayana ve hellim peyniri hafif altın rengi oluncaya kadar kızartın.

c) Sıcak servis yapın ve tadını çıkarın!

TATLI

83.Tatlı Örgülü Ekmek

İÇİNDEKİLER:
HAMUR
- 1 lb. çok amaçlı un
- 1 paket aktif kuru maya
- 1 bardak süt
- 3 ½ oz. tuzsuz tereyağı, eritilmiş
- 3 ½ oz. şeker, granül
- 2 büyük yumurta
- 1 çay kaşığı vanilya özü
- ½ çay kaşığı tuz

DOLGU
- 1 ½ oz. tuzsuz tereyağı, yumuşatılmış
- 3 ½ oz. şeker, granül
- 2 çay kaşığı öğütülmüş tarçın

SIR
- 1 yumurta, dövülmüş
- İnci şekeri (isteğe bağlı)

TALİMATLAR:

a) Uygun bir karıştırma kabında un ve mayayı karıştırın. Bir tencerede sütü ılık olana kadar ısıtın, ardından eritilmiş tereyağı, şeker, yumurta, vanilya özü ve tuzu ekleyip çırpın. Süt karışımını un karışımına ekleyip hamur oluşana kadar karıştırın.

b) Bu hamuru unlu bir yüzeyde yaklaşık 5 dakika yoğurun, ardından tekrar kaseye koyun, üzerini temiz bir havluyla örtün ve boyutu iki katına çıkana kadar 1 saat mayalanmaya bırakın.

c) Fırınınızı 350°F'de önceden ısıtın ve fırın tepsisini parşömen kağıdıyla kaplayın. Bu hamuru yumruklayın ve unlu bir yüzeye çevirin. Uygun bir dikdörtgene yuvarlayın.

ç) İçi için yumuşatılmış tereyağını, şekeri ve tarçını karıştırın ve hamurun üzerine eşit şekilde dağıtın. Bu hamuru uzun kenarından sıkıca yuvarlayıp, hazırlanan fırın tepsisine aktarıp halka şekli verin.

d) Halkanın etrafında düzenli aralıklarla kesimler yapmak için bir çift mutfak makası veya keskin bir bıçak kullanın ve ortada yaklaşık 1 inçlik hamuru sağlam bırakın. Dolguyu ortaya çıkarmak için hamurun her bölümünü dışarı doğru çevirin , ardından bu hamuru çırpılmış yumurtayla fırçalayın ve istenirse üzerine inci şekeri serpin.

e) Önceden ısıtılmış fırında 25-30 dakika altın rengi oluncaya kadar pişirin. Fırından çıkarın ve servis yapmadan önce biraz soğumasını bekleyin. Ev yapımı Estonya Kringel'inizin tadını çıkarın !

84.Estonya Lorlu Kek (Kohupiimakook)

İÇİNDEKİLER:
KABUK
- 8 oz. sindirim bisküvileri veya graham krakerleri
- 3 ½ oz. tuzsuz tereyağı, eritilmiş

DOLGU
- 1 lb. Estonya lor peyniri (kohupiim)
- ⅔ bardak ekşi krema
- ⅔ bardak ağır krema
- 115 gram. şeker, granül
- 4 büyük yumurta
- 2 çay kaşığı vanilya özü
- 1 limonun kabuğu rendesi (isteğe bağlı)

SÜSLEME
- Taze meyveler (çilek, yaban mersini, ahududu)
- Meyve konserveleri (çilek veya ahududu konserveleri)

TALİMATLAR:

a) Fırınınızı 350°F'de önceden ısıtın ve 9 inçlik yaylı kalıbı yağlayın. Sindirim bisküvilerini veya graham krakerlerini ince kırıntılar halinde ezin ve iyice birleşene kadar eritilmiş tereyağı ile karıştırın. Kabuğu oluşturmak için bu karışımı hazırlanan kelepçeli tavanın tabanına sıkıca bastırın.

b) Uygun bir karıştırma kabında lor peyniri, ekşi kremayı, kremayı, şekeri, yumurtaları, vanilya ekstraktını ve limon kabuğu rendesini (eğer kullanılıyorsa) pürüzsüz ve iyice birleşene kadar çırpın. Kelepçeli tavadaki kabuğun üzerine lor peynirli dolguyu dökün.

c) Önceden ısıtılmış fırında kenarları sertleşene ve ortası hafifçe titreyene kadar 40-45 dakika pişirin. Fırını kapatın ve fırın kapağını hafifçe açın. Pastayı yaklaşık 1 saat fırında soğumaya bırakın, ardından fırından çıkarın ve oda sıcaklığında tamamen soğumaya bırakın.

ç) Soğuduktan sonra, tamamen sertleşmesine izin vermek için pastayı en az 4 saat veya tercihen gece boyunca buzdolabında saklayın. Servis yapmadan hemen önce keki kelepçeli kalıptan çıkarın ve servis tabağına aktarın. Pastanın üzerine taze meyveler veya meyve konserveleri ekleyin ve isteğe bağlı olarak pudra şekeri serpin. Soğuyunca dilimleyip servis yapın. Lezzetli Estonya Kohupiimakook'unuzun tadını çıkarın!

85. Çavdar Ekmeği Kek (Karask)

İÇİNDEKİLER:
- 9 oz. Çavdar unu
- 3 ½ oz. çok amaçlı un
- 1 çay kaşığı karbonat
- 1 çay kaşığı tuz
- 1 yemek kaşığı şeker
- 1 bardak ayran
- 2 yemek kaşığı pekmez veya koyu şurup
- 2 yemek kaşığı bitkisel yağ
- 1 büyük yumurta

TALİMATLAR:
a) Fırınınızı 400°F'ta önceden ısıtın ve yuvarlak kek kalıbını veya dökme demir tavayı yağlayın. Uygun bir karıştırma kabında çavdar ununu, çok amaçlı unu, kabartma tozunu, tuzu ve şekeri çırpın.

b) Ayrı bir kapta ayran, pekmez veya bitter şurubu, bitkisel yağı ve yumurtayı çırpın. Islak malzemeleri yavaş yavaş kuru malzemelere dökün, kalın bir hamur oluşana kadar karıştırın. Hazırladığınız hamuru, hazırlanan kek kalıbına veya tavaya eşit şekilde yayarak dökün.

c) Önceden ısıtılmış fırında 25-30 dakika, ortasına batırdığınız kürdan temiz çıkana kadar pişirin. Fırından çıkarın ve Karask'ı tavada veya tavada birkaç dakika soğumaya bırakın, ardından tamamen soğuması için tel ızgaranın üzerine yerleştirin.

ç) Karask'ı isteğe bağlı olarak tereyağı veya peynir veya kurutulmuş balık gibi diğer soslarla servis edebilirsiniz.

d) Kahvaltı veya atıştırmalık olarak mükemmel olan eşsiz bir çavdar ekmeği pastası olan lezzetli Estonya Karask'ınızı dilimleyin ve tadını çıkarın !

86.Oyuncak Ayı Pastası (Mõmmik)

İÇİNDEKİLER:
KEK
- 8 oz. tuzsuz tereyağı, oda sıcaklığında
- 8 oz. toz şeker
- 4 büyük yumurta
- 8 oz. çok amaçlı un
- 2 çay kaşığı kabartma tozu
- ¼ çay kaşığı tuz
- 1 çay kaşığı vanilya özü
- ½ bardak süt

DOLGU
- 1 ¼ bardak ağır krema
- 8 oz. çikolata (bitter veya sütlü), doğranmış
- 3 ½ oz. tuzsuz tereyağı, oda sıcaklığında
- 2 yemek kaşığı pudra şekeri
- 1 çay kaşığı vanilya özü

DEKORASYON
- Fondan krema (kahverengi, siyah, beyaz ve istenen diğer renkler)
- Gıda boyası (isteğe bağlı)
- Şeker veya çikolata süslemeleri (M&M'ler, sakızlı ayılar veya çikolata parçacıkları)
- Süslemeleri yapıştırmak için yenilebilir tutkal veya su

TALİMATLAR:
KEK

a) Fırınınızı 350°F'ta önceden ısıtın ve Teddy Bear şeklindeki kek kalıbını veya normal yuvarlak kek kalıbını yağlayıp unlayın. Uygun bir karıştırma kabında tereyağını ve şekeri hafif ve kabarık olana kadar krema haline getirin.

b) Yumurtaları teker teker ekleyip her eklemeden sonra iyice çırpın. Ayrı bir kapta un, kabartma tozu ve tuzu çırpın.

c) Kuru malzemeleri tereyağ karışımına, süt ve vanilya ekstraktı ile dönüşümlü olarak, kuru malzemelerle başlayıp bitene kadar yavaş yavaş karıştırın. Birleşene kadar karıştırın.

ç) Hazırladığınız kek kalıbına kek hamurunu dökün ve eşit şekilde yayın. Önceden ısıtılmış fırında 30-35 dakika, ortasına batırdığınız kürdan temiz çıkana kadar pişirin.

d) Fırından çıkarın ve pastayı 10 dakika boyunca tavada soğumaya bırakın, ardından tamamen soğuması için tel ızgaranın üzerine yerleştirin.

DOLGU

e) Isıya dayanıklı bir kapta doğranmış çikolata ve tereyağını karıştırın. Ağır kremayı bir tencerede orta ateşte kaynamaya başlayıncaya kadar ısıtın.

f) Sıcak kremayı çikolata ve tereyağı karışımının üzerine dökün ve bir dakika bekletin. Bu karışımı çikolata ve tereyağı tamamen eriyip pürüzsüz hale gelinceye kadar karıştırın.

g) Pudra şekeri ve vanilya özütünü ekleyip iyice birleşene kadar çırpın. Dolgunun oda sıcaklığına soğumasını bekleyin, ardından üzerini örtün ve kalınlaşıp yayılabilene kadar en az 2 saat buzdolabında saklayın.

MONTAJ VE DEKORASYON

ğ) Kek ve dolgu tamamen soğuduktan sonra Oyuncak Ayı Pastanızı birleştirmeye ve süslemeye başlayabilirsiniz. Gerekirse pastanın üstünü düzelterek düzleştirin. Pastayı yatay olarak iki kat halinde kesin.

h) Servis tabağına bir kek tabakasını yerleştirin ve üzerine soğutulmuş çikolata dolgusunu kalın bir tabaka halinde yayın. İkinci kek katmanını dolgunun üzerine yerleştirin. Normal yuvarlak kek kalıbı kullanıyorsanız, pastayı Teddy Bear şekline getirmek için keskin bir bıçak kullanın.

ı) Kahverengi fondan kremayı açın ve ellerinizi veya oklavayı kullanarak pastanın tamamını kaplayın ve pürüzsüz hale getirin ve bir Oyuncak Ayı'ya benzeyecek şekilde şekillendirin.

i) Oyuncak Ayı'nın yüzü ve vücudu için gözler, burun, ağız ve istenen diğer süslemeleri oluşturmak için diğer renkli fondan kremaları açın.

j) Fondanı renklendirmek için gıda boyası da kullanabilirsiniz.

k) Fondan süslemelerini pastanın üzerine yapıştırmak için yenilebilir tutkal veya su kullanın ve Oyuncak Ayı'nın yüzünü ve vücudunu istediğiniz gibi oluşturun.

87.Quark Peynirli Kek (Kubujuustukook)

İÇİNDEKİLER:
KABUK
- 9 oz. sindirim bisküvileri veya graham krakerleri
- 3 ½ oz. tuzsuz tereyağı, eritilmiş

DOLGU
- 1 lb. quark peyniri (bazen lor peyniri veya çiftçi peyniri olarak da adlandırılır), süzülmüş
- 8 oz. şeker, granül
- 4 büyük yumurta
- ⅔ bardak ağır krema
- 1 çay kaşığı vanilya özü
- 1 limon kabuğu rendesi ve

SÜSLEME
- Taze meyveler veya seçtiğiniz meyveler (çilek, yaban mersini veya ahududu)
- Üzerine serpmek için pudra şekeri (isteğe bağlı)

TALİMATLAR:
KABUK

a) Sindirim bisküvilerini veya graham krakerlerini bir mutfak robotu kullanarak veya plastik bir torbaya koyup oklava kullanarak ince kırıntılara kadar ezin.

b) Uygun bir karıştırma kabında bisküvi veya kraker kırıntılarını eritilmiş tereyağı ile karıştırıp iyice karıştırın. Kabuğu oluşturmak için bu karışımı 9 inçlik yaylı tavanın tabanına sıkıca bastırın. Doldurmayı hazırlarken soğuması için tavayı buzdolabına yerleştirin.

c) dolgu

ç) Fırınınızı 350°F'de önceden ısıtın. Uygun bir karıştırma kabında lor peyniri ve şekeri karıştırıp iyice karıştırın. Yumurtaları teker teker ekleyip her eklemeden sonra iyice çırpın. Ağır kremayı, vanilya özütünü ve limon kabuğu rendesini karıştırın ve iyice birleşene kadar karıştırın.

d) Dolguyu kelepçeli tavadaki soğutulmuş kabuğun üzerine dökün ve eşit şekilde dağıtın. Önceden ısıtılmış fırında kenarları sertleşene ve ortası hafifçe titreyene kadar 35-40 dakika pişirin. Fırından çıkarın ve pastayı 10 dakika boyunca tavada soğumaya bırakın, ardından tavadan gevşetmek için kenarlarına bir bıçak gezdirin.

e) Tamamen soğuması için pastayı tel rafa aktarın, ardından örtün ve en az 4 saat veya gece boyunca buzdolabında bekletin. Üzeri için: Servis yapmadan hemen önce, soğutulmuş lor peynirli kekin üzerine taze meyveler veya seçtiğiniz meyvelerle süsleyin.

f) İstenirse dekoratif bir görünüm için pudra şekeri serpin. Soğutulmuş Kubujuustukook'u dilimleyip servis edin ve zengin lezzetleri ve canlandırıcı meyve kaplamasıyla bu kremalı ve lezzetli Estonya Quark Peynirli Kek'in tadını çıkarın!

88.Büyükannenin Pastası (Vanaema Kook)

İÇİNDEKİLER:
KABUK
- 9 oz. sindirim bisküvileri veya graham krakerleri
- 3 ½ oz. tuzsuz tereyağı, eritilmiş
- 1 yemek kaşığı kakao tozu (isteğe bağlı)

DOLGU
- 4 büyük yumurta
- 8 oz. şeker, granül
- ⅔ bardak ağır krema
- 2 çay kaşığı vanilya özü
- 2 yemek kaşığı çok amaçlı un
- ¼ çay kaşığı tuz
- 1 limon kabuğu rendesi ve

TALİMATLAR:
KABUK
a) Sindirim bisküvilerini veya graham krakerlerini bir mutfak robotu kullanarak veya plastik bir torbaya koyup oklava kullanarak ince kırıntılara kadar ezin.
b) Uygun bir karıştırma kabında bisküvi veya kraker kırıntılarını eritilmiş tereyağı ve (kullanıyorsanız) kakao tozuyla karıştırın ve iyice karıştırın. Kabuğu oluşturmak için bu karışımı 9 inçlik yaylı tavanın tabanına sıkıca bastırın. Doldurmayı hazırlarken soğuması için tavayı buzdolabına yerleştirin.

DOLGU
c) Fırınınızı 350°F'de önceden ısıtın. Uygun bir karıştırma kabında yumurtaları ve şekeri hafif ve kabarıncaya kadar çırpın. Ağır kremayı, vanilya özütünü, unu, tuzu ve limon kabuğu rendesini ilave edip iyice birleşene kadar karıştırın.
ç) Dolguyu kelepçeli tavadaki soğutulmuş kabuğun üzerine dökün ve eşit şekilde dağıtın. Önceden ısıtılmış fırında kenarları sertleşene ve ortası hafifçe titreyene kadar 30-35 dakika pişirin. Fırından çıkarın ve pastayı 10 dakika boyunca tavada soğumaya bırakın, ardından tavadan gevşetmek için kenarlarına bir bıçak gezdirin.
d) Tamamen soğuması için pastayı tel rafa aktarın, ardından örtün ve en az 4 saat veya gece boyunca buzdolabında bekletin.
e) Soğutulmuş Vanaema Kook'u dilimleyip servis edin ve sade ama enfes lezzetleriyle bu nostaljik Estonya Büyükanne Pastasının tadını çıkarın!

89.Estonya Yaprak Kek (Plaadikook)

İÇİNDEKİLER:
Sünger Kek Tabanı
- 4 büyük yumurta
- 8 oz. şeker, granül
- 8 oz. çok amaçlı un
- 1 çay kaşığı kabartma tozu
- ¼ çay kaşığı tuz
- 2 çay kaşığı vanilya özü

KREMA KAPLAMA
- 2 bardak ağır krema
- 8 oz. şeker, granül
- 2 yemek kaşığı çok amaçlı un
- 2 yemek kaşığı mısır nişastası
- 1 çay kaşığı vanilya özü

TALİMATLAR:

Sünger Kek Tabanı

a) Fırınınızı 350°F'ta önceden ısıtın ve 9 x 13 inçlik fırın tepsisini veya dikdörtgen kek kalıbını yağlayın. Uygun bir karıştırma kabında yumurtaları ve şekeri hafif ve kabarıncaya kadar çırpın. Unu, kabartma tozunu, tuzu ve vanilya özünü ekleyip iyice birleşene kadar karıştırın.

b) Hazırladığınız hamuru, hazırlanan fırın tepsisine veya kek kalıbına eşit şekilde yayarak dökün. Önceden ısıtılmış fırında 20-25 dakika, kek altın rengi oluncaya ve ortasına batırdığınız kürdan temiz çıkana kadar pişirin. Fırından çıkarın ve keki tavada tamamen soğumaya bırakın.

KREMA KAPLAMA

c) Bir tencerede kremayı, şekeri, unu ve mısır nişastasını karıştırın. İyice birleşene kadar çırpın. Tencereyi orta ateşe alıp sürekli karıştırarak bu karışım koyulaşıp kaynayana kadar pişirin.

ç) Ateşten alın ve vanilya özütünü ekleyerek karıştırın. Kremayı hafifçe soğumaya bırakın, ardından fırın tepsisindeki veya kek kalıbındaki soğumuş pandispanya tabanının üzerine dökün ve bir spatula ile eşit şekilde dağıtın.

d) Kremayı sabitlemek için Paladion'u en az 4 saat veya gece boyunca soğutun. Soğutulmuş Paladion'u dilimleyip servis edin ve yumuşak pandispanya tabanı ve kremalı vanilya kaplamasıyla bu enfes Estonya Yaprak Pastasının tadını çıkarın!

90.Üzüm Kissel (Rosinakissell)

İÇİNDEKİLER:
- 115 gram. Kuru üzüm
- 2 bardak su
- 9 oz. taze veya dondurulmuş meyveler (yaban mersini, ahududu veya kuş üzümü gibi)
- 3 ½ oz. şeker, granül
- 2 yemek kaşığı mısır nişastası veya patates nişastası
- 2 yemek kaşığı soğuk su
- 1 çay kaşığı limon suyu (isteğe bağlı)

TALİMATLAR:
a) Kuru üzümleri 2 bardak su ile tencereye koyup kaynatın. Isıyı azaltın ve kuru üzümler dolgun ve yumuşak oluncaya kadar 10-15 dakika pişirin. Ayrı bir tencerede meyveleri ve şekeri karıştırın.

b) Orta ateşte, ara sıra karıştırarak, meyveler suyunu bırakıp şeker eriyene kadar pişirin. Uygun bir kapta mısır nişastasını veya patates nişastasını 2 yemek kaşığı soğuk suyla pürüzsüz hale gelinceye kadar çırpın. Mısır nişastası veya patates nişastası karışımını yavaş yavaş meyve karışımına karıştırın, topak oluşumunu önlemek için sürekli çırpın.

c) Bu karışımı, jöle benzeri bir kıvama gelinceye kadar sürekli karıştırarak kısık ateşte pişirmeye devam edin. Ateşten alın ve pişmiş kuru üzümleri ve limon suyunu (kullanılıyorsa) ilave ederek karıştırın. Rosinakissell'i hafifçe soğumaya bırakın, ardından servis kaselerine veya bardaklara aktarın. Kissel soğuyuncaya ve sertleşene kadar en az 2-3 saat buzdolabında saklayın.

ç) Soğutulmuş Rosinakissell'i canlandırıcı ve keskin bir tatlı olarak servis edin ve sulu kuru üzümlerden ve tatlı meyve kompostosundan gelen lezzet patlamasının tadını çıkarın.

91. Estonya Tatlı Çorbası (Leivasupp)

İÇİNDEKİLER:
- 9 oz. çavdar ekmeği (tercihen bayat veya bir günlük)
- 4 ¼ bardak su
- 3 ½ oz. toz şeker veya tadı
- 1 tarçın çubuğu
- 3-4 bütün kakule kabuğu
- 1 yemek kaşığı tereyağı
- 1 yemek kaşığı çok amaçlı un
- 1 yemek kaşığı kakao tozu (isteğe bağlı)
- ½ çay kaşığı tuz
- Süslemek için krem şanti (isteğe bağlı)

TALİMATLAR:
a) Çavdar ekmeğini küçük küpler veya dilimler halinde kesip uygun bir tencereye veya tencereye koyun. Suyu ekmekle birlikte tencereye ekleyin ve orta ateşte kaynatın.
b) Isıyı en aza indirin ve ekmek yumuşayıp parçalanmaya başlayana ve kalın bir çorba tabanı oluşturana kadar yaklaşık 10-15 dakika pişirin. Ayrı bir küçük tencerede orta ateşte tereyağını eritin. Unu ve kakao tozunu (eğer kullanılıyorsa) ilave edin ve meyane yapmak için sürekli karıştırarak 1-2 dakika pişirin.
c) Topakları önlemek için sürekli karıştırarak meyaneyi yavaş yavaş ekmek çorbasına çırpın. Çorbaya şekeri, tarçın çubuğunu, kakule kabuklarını ve tuzu karıştırın ve tatların birbirine karışmasını sağlamak için ara sıra karıştırarak 10-15 dakika daha pişirin.
ç) Servis yapmadan önce tarçın çubuğunu ve kakule kabuklarını çorbadan çıkarın. Leivasupp'u bir parça çırpılmış kremayla (istenirse) süsleyerek sıcak olarak servis edin ve bu geleneksel Estonya ekmeği çorbasının rahatlatıcı lezzetlerinin tadını çıkarın!

92. Vahukoor-Kohupiimakook

İÇİNDEKİLER:
KABUK
- 8 oz. sindirim bisküvileri veya graham krakerleri
- 3 ½ oz. tuzsuz tereyağı, eritilmiş

DOLGU
- 1 lb. lor peyniri veya quark
- 2 su bardağı ağır krem şanti
- 115 gram. toz şeker
- 1 çay kaşığı vanilya özü
- 1 limon kabuğu rendesi ve
- 1 çay kaşığı jelatin tozu
- 3 yemek kaşığı soğuk su
- Dekorasyon için taze meyveler, dilimlenmiş meyveler veya çikolata talaşı

TALİMATLAR:
a) Sindirilebilir bisküvileri veya graham krakerlerini bir mutfak robotu kullanarak veya plastik bir torbaya koyup oklava ile ezerek ince kırıntılara kadar ezin. Uygun bir karıştırma kabında bisküvi veya kraker kırıntılarını eritilmiş tereyağı ile karıştırın ve bu karışım ıslak kum kıvamına gelinceye kadar karıştırın.

b) yaylı tavanın tabanına sıkıca bastırarak düzgün bir kabuk oluşturun. Doldurmayı hazırlarken soğuması için tavayı buzdolabına yerleştirin.

c) Uygun bir kapta jelatin tozunu soğuk suyun üzerine gezdirin ve birkaç dakika çiçek açmasını bekleyin. Uygun bir karıştırma kabında lor peyniri veya lor peyniri, ağır krem şantiyi, pudra şekerini, vanilya özütünü ve limon kabuğu rendesini karıştırın. Pürüzsüz ve kremsi olana kadar elektrikli bir karıştırıcıyla çırpın veya çırpın.

ç) Uygun bir tencerede, çiçek açan jelatin karışımını, jelatin tamamen eriyene kadar sürekli karıştırarak kısık ateşte hafifçe ısıtın . Çözünmüş jelatini, iyice birleşene kadar sürekli çırparak veya çırparak yavaş yavaş lor peyniri karışımına dökün. Kelepçeli tavadaki soğumuş hamurun üzerine dolguyu dökün ve üstünü bir spatula ile düzeltin.

d) Tavayı plastik ambalajla örtün ve kek sertleşene ve sertleşene kadar en az 4-6 saat buzdolabında saklayın. Kek soğuyup sertleştikten sonra kelepçeli kalıbın kenarlarını dikkatlice çıkarın.

e) İsterseniz pastanın üstünü taze meyveler, dilimlenmiş meyveler veya çikolata talaşı ile süsleyin. Vahukoor-kohupiimakook'u dilimleyip servis edin ve bu enfes Estonya tatlısının kremsi, keskin ve tatlı lezzetlerinin tadını çıkarın!

93.Patatesli Kek (Kartulikook)

93.Patatesli Kek (Kartulikook)

d) Tavayı plastik ambalajla örtün ve kek sertleşene ve sertleşene kadar en az 4-6 saat buzdolabında saklayın. Kek soğuyup sertleştikten sonra kelepçeli kalıbın kenarlarını dikkatlice çıkarın.

e) İsterseniz pastanın üstünü taze meyveler, dilimlenmiş meyveler veya çikolata talaşı ile süsleyin. Vahukoor-kohupiimakook'u dilimleyip servis edin ve bu enfes Estonya tatlısının kremsi, keskin ve tatlı lezzetlerinin tadını çıkarın!

İÇİNDEKİLER:
KABUK
- 2 fincan çok amaçlı un
- 1 su bardağı tuzsuz tereyağı, soğutulmuş ve küp şeklinde
- ½ su bardağı toz şeker
- ¼ çay kaşığı tuz
- 1 büyük yumurta sarısı

DOLGU
- 2 lbs. patatesler soyulur ve çatalla yumuşayana kadar haşlanır
- ½ bardak tuzsuz tereyağı, eritilmiş
- ½ su bardağı toz şeker
- 3 büyük yumurta
- 1 su bardağı ekşi krema
- 1 çay kaşığı vanilya özü
- ½ çay kaşığı öğütülmüş tarçın
- ¼ çay kaşığı öğütülmüş hindistan cevizi
- 1 tutam tuz

TALİMATLAR:
KABUK

a) Fırınınızı 350°F'de önceden ısıtın ve 9 inçlik yaylı kalıbı yağlayın.

b) Kabuğu hazırlamak için şekeri, unu, tuzu ve küp tereyağını uygun bir karıştırma kabında karıştırın. Bu karışım iri kırıntılara benzeyene kadar tereyağını kuru malzemelere kesmek için bir pasta kesici veya parmaklarınızı kullanın. Bu hamur bir araya gelinceye kadar yumurta sarısını karıştırın.

c) Kabuğu oluşturmak için bu hamuru hazırlanan kelepçeli tavanın tabanına eşit şekilde bastırın. Kabuğu önceden ısıtılmış fırında 10-12 dakika, hafif altın rengi kahverengi olana kadar pişirin. Fırından çıkarıp hafifçe soğumaya bırakın.

DOLGU

ç) Haşlanan patatesleri uygun bir karıştırma kabında pürüzsüz hale gelinceye kadar ezin.

d) Eritilmiş tereyağı, şeker, yumurta, ekşi krema, vanilya özü, tarçın, hindistan cevizi ve bir tutam tuzu patates püresine karıştırın. İyice birleşene kadar karıştırın.

e) Kelepçeli tavadaki kısmen pişmiş kabuğun üzerine patates dolgusunu dökün . Üstünü bir spatula ile düzeltin ve önceden ısıtılmış fırında ortası sertleşene ve üstü hafif altın kahverengi olana kadar 45-50 dakika pişirin.
f) Patatesli keki fırından çıkarın ve tavada tamamen soğumaya bırakın. Soğuduktan sonra kelepçeli kalıbın kenarlarını dikkatlice çıkarın . Estonya Patatesli Kek'i dilimler halinde kesin ve soğutulmuş veya oda sıcaklığında servis yapın.
g) Lezzetli Estonya Patatesli Kekinizin tadını çıkarın!

94. Kamavaht

İÇİNDEKİLER:

- ½ bardak Kama karışımı (kavrulmuş tahıl tozu, Estonya'da veya özel gıda mağazalarında mevcuttur)
- 1 su bardağı ağır krem şanti
- ¼ bardak şeker, toz
- 1 çay kaşığı vanilya özü

TALİMATLAR:

a) Uygun bir karıştırma kabında Kama karışımını, pudra şekerini ve vanilya özütünü karıştırın.
b) Malzemelerin eşit dağılımını sağlamak için iyice karıştırın. Ayrı bir kapta kremayı koyulaşıncaya ve yumuşak tepeler oluşana kadar çırpın.
c) Çırpılmış kremayı bir spatula veya çırpma teli kullanarak yavaşça Kama karışımına ekleyin. Bu karışımın hafif ve havadar kalmasını istediğiniz için fazla karıştırmamaya dikkat edin. Kamavaht'ı tadın ve istenirse tatlılığını daha fazla pudra şekeri ile ayarlayın.
ç) Kamavaht'ı ayrı ayrı servis tabaklarına veya tatlı bardaklarına dökün . Servis yapmadan önce Kamavaht'ı en az 1 saat buzdolabında soğutun . Kamavaht'ı soğutulmuş olarak servis edin ve istenirse ilave Kama tozu veya taze meyvelerle süsleyin.
d) Kama ve çırpılmış kremayla yapılan lezzetli bir Estonya tatlısı olan Kamavaht'ın kremalı ve keskin lezzetlerinin tadını çıkarın . Kesinlikle damak tadınızı memnun edecek eşsiz ve canlandırıcı bir ikramdır !

95.Kama ve Elmalı Kek (Kama-Õunakook)

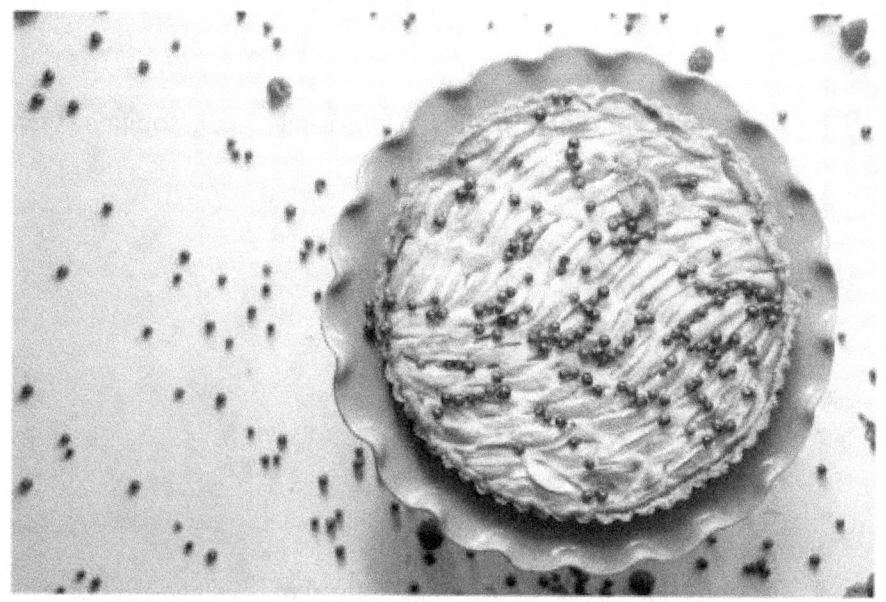

İÇİNDEKİLER:
KEK
- 3 orta boy elma, soyulmuş, çekirdekleri çıkarılmış ve ince dilimlenmiş
- 1 ½ su bardağı çok amaçlı un
- ½ bardak Kama karışımı (kavrulmuş tahıl tozu, Estonya'da veya özel gıda mağazalarında mevcuttur)
- ½ su bardağı toz şeker
- ½ bardak tuzsuz tereyağı, yumuşatılmış
- 2 büyük yumurta
- ½ bardak süt
- 1 çay kaşığı kabartma tozu
- 1 çay kaşığı vanilya özü
- ¼ çay kaşığı tuz

SÜSLEME
- ¼ bardak çok amaçlı un
- ¼ su bardağı toz şeker
- 2 yemek kaşığı tuzsuz tereyağı, soğutulmuş ve küçük küpler halinde kesilmiş

TALİMATLAR:
a) Fırınınızı 350°F'ta önceden ısıtın ve 9 inçlik yuvarlak kek kalıbını yağlayın. Uygun bir kapta un, Kama, kabartma tozu ve tuzu çırpın. Ayrı bir büyük kapta, tereyağını ve şekeri hafif ve kabarık olana kadar krema haline getirin. Yumurtaları birer birer çırpın, ardından vanilya özütünü ekleyerek karıştırın.

b) Kuru un karışımını yavaş yavaş tereyağ karışımına, sütle dönüşümlü olarak, kuru malzemelerle başlayıp bitirerek karıştırın. Birleşene kadar karıştırın. Hazırladığınız hamuru kek kalıbına dökün ve eşit şekilde yayın.

c) İnce dilimlenmiş elmaları hazırlanan hamurun üzerine hafifçe üst üste gelecek şekilde yerleştirin.

ç) uygun bir kapta un ve şekeri karıştırın. Soğutulmuş tereyağını bir pasta kesici veya parmak uçlarınızla, bu karışım iri kırıntılara benzeyene kadar kesin.

d) Üst malzemeyi elmaların üzerine eşit şekilde gezdirin. Keki önceden ısıtılmış fırında 40-45 dakika, ortasına batırdığınız kürdan temiz çıkana kadar pişirin.

e) Pastayı fırından çıkarın ve 10 dakika boyunca tavada soğumaya bırakın, ardından tamamen soğuması için tel ızgaranın üzerine yerleştirin. Soğuduktan sonra Kama- õunakook'u dilimler halinde dilimleyin ve enfes bir Estonya tatlısı olarak servis yapın.

İÇECEKLER

96.Meyve Şarabı (Leibkonna Jook)

İÇİNDEKİLER:

- 2 lbs. taze meyveler veya meyveler (elma, kiraz, kuş üzümü, ahududu)
- 2 lbs. şeker
- 16 bardak su
- 1 çay kaşığı yaş maya veya ½ çay kaşığı kuru maya

TALİMATLAR:

a) Meyveleri veya meyveleri yıkayıp temizleyin, saplarını, yapraklarını veya çekirdeklerini çıkarın. Meyve sularını serbest bırakmak için hafifçe ezin veya ezin. Uygun bir tencerede meyveleri veya meyveleri, şekeri ve suyu karıştırın. Şekerin erimesi için iyice karıştırın. Bu karışımı orta ateşte kaynatın, ardından ısıyı azaltın ve ara sıra karıştırarak yaklaşık 10-15 dakika pişirin.

b) Tencereyi ocaktan alın ve bu karışımın oda sıcaklığına soğumasını bekleyin. Bu karışım soğuduktan sonra mayayı uygun miktarda su içerisinde eritip tencereye ekleyin. İyice karıştırın. Tencereyi temiz bir bezle veya plastik bir örtüyle örtün ve mayalanması için 24 saat oda sıcaklığında bekletin.

c) 24 saat sonra, bu karışımı ince gözenekli bir süzgeç veya tülbentten geçirerek temiz şişelere süzün ve üstte bir miktar boşluk bırakın. Şişeleri kapaklarla veya mantarlarla sıkıca kapatın ve Leibkonna'nın kurumasına izin vermek için en az 2-3 hafta serin ve karanlık bir yerde saklayın. lezzetlerini fermente etmek ve geliştirmek için şaka yapın.

ç) 2-3 hafta sonra Leibkonna şaka içmeye hazır olmalıdır. Servis yapmadan önce buzdolabında soğutun ve özel günler veya kutlamalar sırasında serinletici ve geleneksel Estonya ev yapımı içeceği olarak tadını çıkarın.

97. Kvas

İÇİNDEKİLER:
- 9 oz. çavdar ekmeği (tercihen bayat veya hafif kurutulmuş)
- 16 bardak su
- 115 gram. şeker
- 1 çay kaşığı yaş maya veya ½ çay kaşığı kuru maya
- 1-2 küçük limon, ince dilimlenmiş
- Daha fazla lezzet katmak için 2 avuç kuru üzüm veya kuru meyve (isteğe bağlı)

TALİMATLAR:
a) Çavdar ekmeğini küçük küpler halinde kesip uygun bir tencereye veya kaseye koyun. Çavdar ekmeğinin bulunduğu tencereye 16 bardak su ekleyin ve oda sıcaklığında 4-6 saat veya gece boyunca demlenmesini bekleyin.

b) Demlendikten sonra çavdar ekmeğindeki sıvıyı süzün ve mümkün olduğu kadar fazla sıvıyı çıkarmak için ekmek küplerinin üzerine bastırın. Ekmeği atın veya başka amaçlar için saklayın.

c) Şekeri süzülmüş sıvının içinde eritin ve tamamen çözünmesini sağlamak için iyice karıştırın. Uygun bir kapta mayayı uygun miktarda su ile eritip sıvıya ekleyin. İyice karıştırın. İnce dilimlenmiş limon dilimlerini ve isteğe bağlı kuru üzümleri veya kuru meyveleri sıvıya karıştırın. Tencereyi veya kaseyi temiz bir bez veya plastik ambalajla örtün ve mayalanması için 6-12 saat oda sıcaklığında bekletin.

ç) Fermantasyon tamamlandığında, sıvıyı ince bir süzgeç veya tülbentten geçirerek temiz şişelere süzün ve üstte bir miktar boşluk bırakın. Şişeleri kapaklarla veya mantarlarla sıkıca kapatın ve Kvas'ın karbonatlaşmasına ve lezzetini geliştirmesine izin vermek için en az 2-3 gün buzdolabında saklayın. 2-3 gün sonra Kvas içmeye hazır olmalıdır.

d) Servis yapmadan önce buzdolabında soğutun ve canlandırıcı ve keskin bir geleneksel Estonya içeceği olarak tadını çıkarın.

98.Kefir

İÇİNDEKİLER:
- 4 çay kaşığı Kefir tanesi (internette veya sağlıklı gıda mağazalarında mevcuttur)
- 4 bardak süt
- Tatlandırıcılar veya aromalar (bal, meyve veya vanilya özü), isteğe bağlı

TALİMATLAR:
a) Kefir tanelerini temiz bir cam kavanoza koyun. Fermantasyon için üstte biraz boşluk bırakarak kavanoza süt ekleyin.
b) Sütü ve kefir tanelerini metal olmayan bir kaşıkla yavaşça karıştırın. Kavanozu temiz bir bezle veya plastik bir kapakla kapatın, ancak fermantasyon işlemi gaz ürettiğinden kapağını sıkıca kapatmayın. İstediğiniz ekşilik seviyesine göre kefiri oda sıcaklığında 24-48 saat mayalandırın. Mayalanmasına ne kadar uzun süre izin verirseniz, o kadar keskin olur.
c) Fermantasyondan sonra kefiri başka bir temiz kavanoza süzün ve kefir tanelerini sıvıdan ayırın. Bunun için ince gözenekli bir süzgeç veya plastik bir elek kullanabilirsiniz. Süzme kefir artık içmeye hazırdır veya tadına tatlandırıcı veya aroma vericiler ekleyebilirsiniz.
ç) Kefir tanelerini başka bir parti yapmak için yeniden kullanmak istiyorsanız, kefir tanelerinin bulunduğu kavanoza taze süt ekleyin ve fermantasyon işlemini tekrarlayın.

99.Estonyalı Mors

İÇİNDEKİLER:
- 10 ½ oz. çavdar ekmeği
- 8 bardak su
- ½ bardak şeker
- Süslemek için taze nane yaprakları veya limon dilimleri

TALİMATLAR:
a) Çavdar ekmeğini küçük parçalar halinde kesip uygun bir kaseye veya sürahiye koyun. Suyu çavdar ekmeğinin üzerine dökün, tüm ekmek parçalarının suya battığından emin olun.

b) Bu kaseyi veya sürahiyi temiz bir bez veya plastik ambalajla örtün ve fermantasyonun gerçekleşmesini sağlamak için 12-24 saat oda sıcaklığında bekletin. Mayalanmasına ne kadar uzun süre izin verirseniz Morss o kadar keskin olur.

c) Fermantasyondan sonra çavdar ekmeğindeki sıvıyı ince gözenekli bir süzgeç veya tülbent kullanarak süzün ve ekmek katılarını atın. ½ bardaktan başlayarak ve gerektiği gibi ayarlayarak, tadına göre şekeri karıştırın.

ç) Morss'u servis yapmadan önce en az 1-2 saat buzdolabında soğutun.

d) Morss'u isterseniz taze nane yaprakları veya limon dilimleri ile süsleyebilirsiniz. Tortu dibe çökebileceği için servis yapmadan önce iyice karıştırın.

100.Estonya Kali İçeceği

İÇİNDEKİLER:
- 10 ½ oz. koyu çavdar ekmeği (tercihen bayat)
- 8 bardak su
- ½ bardak şeker
- ½ çay kaşığı aktif kuru maya
- Süslemek için taze nane yaprakları veya limon dilimleri

TALİMATLAR:
a) Çavdar ekmeğini küçük parçalar halinde kesip uygun bir kaseye veya sürahiye koyun. Suyu çavdar ekmeğinin üzerine dökün, tüm ekmek parçalarının suya battığından emin olun.
b) Bu kaseyi veya sürahiyi temiz bir bez veya plastik ambalajla örtün ve fermantasyonun gerçekleşmesine izin vermek için 2-3 saat oda sıcaklığında bekletin.
c) Fermantasyondan sonra, ince gözenekli bir süzgeç veya tülbent kullanarak ekmekteki sıvıyı süzün ve ekmek katılarını atın.
ç) ½ bardaktan başlayarak ve gerektiği gibi ayarlayarak, tadına göre şekeri karıştırın. Mayayı uygun miktarda ılık suda eritin ve iyice karıştırarak süzülmüş sıvıya ekleyin.
d) Bu kaseyi veya sürahiyi tekrar kapatın ve mayanın içeceği fermente etmesini ve karbonatlamasını sağlamak için oda sıcaklığında 1-2 saat daha bekletin. Servis yapmadan önce Kali'yi buzdolabında en az 1-2 saat soğutun. Servis yaparken Kali'yi dilerseniz taze nane yaprakları veya limon dilimleri ile süsleyebilirsiniz.
e) Tortu dibe çökebileceği için servis yapmadan önce iyice karıştırın.

ÇÖZÜM

"EN İYİ ESTONYA YEMEK KİTABI"a veda ederken, bunu, tadına varılan tatlara, yaratılan anılara ve yol boyunca paylaşılan mutfak maceralarına yüreklerimiz dolu şükranla yapıyoruz. Estonya'nın zengin mutfak mirasını kutlayan 100 tarif aracılığıyla, Estonya mutfağını gerçekten özel kılan eşsiz ve leziz yemekleri keşfederek lezzet, keşif ve kültürel keşif yolculuğuna çıktık.

Ancak yolculuğumuz burada bitmiyor. Estonya mutfağına dair yeni ilham ve takdirle donanmış olarak mutfaklarımıza döndüğümüzde keşfetmeye, denemeye ve yaratmaya devam edelim. İster kendimiz, ister sevdiklerimiz, ister misafirlerimiz için yemek pişiriyor olalım, bu yemek kitabındaki tarifler bir neşe ve bağlantı kaynağı olarak hizmet etsin, insanları bir araya getirsin ve yemeğin evrensel dilini kutlasın.

Ve Estonya lezzetlerinin her lezzetli lokmasının tadını çıkarırken, iyi yemeklerin, iyi arkadaşlıkların ve sevdiklerimizle yemek paylaşmanın verdiği basit zevkleri hatırlayalım. Estonya lezzetleri arasındaki bu mutfak yolculuğuna bize katıldığınız için teşekkür ederiz. Mutfağınız her zaman Estonya mutfağının sıcaklığı ve misafirperverliğiyle dolsun ve yarattığınız her yemek Baltık bölgesinin zengin mutfak mirasının bir kutlaması olsun. Kafa aega ! (Afiyet olsun!)

www.ingramcontent.com/pod-product-compliance
Lightning Source LLC
Chambersburg PA
CBHW070351120526
44590CB00014B/1087